普洱茶厂经营管理学

单治国　罗光瑾　庄　立◎主编

中国商业出版社

图书在版编目（CIP）数据

普洱茶厂经营管理学 / 单治国，罗光瑾，庄立主编.
北京 ：中国商业出版社，2025. 5. -- ISBN 978-7-5208-
3214-4

Ⅰ. F724.782

中国国家版本馆CIP数据核字第2024TB0349号

责任编辑：聂立芳
策划编辑：张　盈

中国商业出版社出版发行
（www.zgsycb.com　100053　北京广安门内报国寺1号）
总编室：010-63180647　　编辑室：010-63033100
发行部：010-83120835/8286
新华书店经销
三河市悦鑫印务有限公司印刷
＊
710毫米×1000毫米　　16开　　13印张　212千字
2025年5月第1版　2025年5月第1次印刷
定价：78.00元
＊＊＊＊
（如有印装质量问题可更换）

前 言

PREFACE

茶叶，作为中华文明的瑰宝，历经千年依旧熠熠生辉。普洱茶更是以其独特的韵味和深厚的文化底蕴，在茶界独树一帜。然而，在全球化、市场化的今天，普洱茶厂如何经营管理，如何在激烈的市场竞争中保持领先地位，成为摆在每一个茶厂面前的重大课题。

本书的撰写基于扎实的理论基础和丰富的实践经验，不仅是对普洱茶厂经营管理学的系统梳理，更是对实践经验的总结和提炼，旨在为读者提供一套完整、科学、实用的普洱茶厂经营管理方法论。

本书共分为九章，第一章绪论，包括茶厂经营管理理论基础、普洱茶厂经营管理趋势展望进行分析；第二章普洱茶厂组织建设，分别讲述了普洱茶厂组织设计原理、普洱茶厂生产型组织模式、普洱茶厂销售型组织模式、普洱茶厂的综合型发展及其组织创新；第三章普洱茶厂战略设计，包括普洱茶厂战略环境分析、普洱茶厂战略设计与选择、普洱茶厂战略实施与变革以及普洱茶厂战略保障；第四章普洱茶厂生产管理，从普洱茶的生产流程、普洱茶厂生产管理体系构建和普洱茶厂生产计划与调度三个方面进行介绍；第五章普洱茶厂质量与安全管理，阐述了茶叶质量与安全评价标准、普洱茶厂质量管理体系建立与实施和普洱茶厂安全管理体系建设；第六章普洱茶厂技术与创新管理，介绍了普洱茶厂技术管理、普洱茶厂创新管理及普洱茶厂技术与创新管理体系的融合；第七章普洱茶厂营销管理，针对茶叶市场营销调研与预测、普洱茶厂目标市场定位、普洱茶厂市场营销组合和普洱茶厂市场营销创新四个方面进行分析；第八章普洱茶厂品牌管理，包括茶叶品牌与茶业竞争力提升、普洱茶厂品牌战略与建设、普洱茶厂品牌运营与传播、普洱茶厂品牌资产管理与增值；第九章普洱茶厂供应链管理，介绍了普洱茶厂供应链概述、普洱茶厂供应链构建策略与优化路径、普洱茶厂供应链的科学管理及普洱茶厂供应链管理与可持续发展。

　　本书不仅系统梳理了普洱茶厂经营管理的理论知识和实践经验，还创新性地提出了许多前瞻性的观点和方法。通过阅读本书，读者将能够全面提升自身的经营管理能力，为普洱茶厂的繁荣发展贡献智慧和力量。

　　经营管理学是一门发展中的科学，有许多理论和实践问题尚在探索之中。在本书的写作过程中，参考了有关专家学者的研究观点和成果，在此表示诚挚的感谢。由于编者水平有限，如内容存在不足之处，欢迎广大读者予以批评指正，以便今后进一步修改提高。

作　者

2024 年 1 月

目 录

CONTENTS

第一章 绪 论

自从人类于四五千年前发现并利用茶叶开始，茶已经渐渐渗透到我们的日常生活中，与各个时代的社会、经济、文化等产生了紧密的联系。如今，茶已经成为全球性的饮品，茶产业也随之发展成为一个世界性的经济领域。随着茶叶产品的不断创新和全球茶叶市场的形成，来自世界各地的茶叶企业纷纷角逐市场份额，这既为我国茶叶企业带来了发展的机遇，同时也带来了严峻的挑战。因此，如何进行有效的经营管理，以求在激烈的市场竞争中保持领先地位，已成为茶叶企业所面临的重要研究课题。

第一节 茶叶与普洱茶厂

一、茶叶的起源

茶叶的起源可以追溯至中国古代，大约在公元前 2700 年，其被发现和被饮用。据传，三皇之一的神农氏在探索药物时发现了茶叶这种具有提神醒脑作用的植物。茶叶最早是被用作药用，后来逐渐发展成为一种饮品。中国南部地区，如云南、贵州、四川等地，是茶树的原产地，这些地区的气候和土壤条件都非常适宜茶树的生长。因此，茶叶得以在这些地区广泛种植和发展，并逐渐融入人类的日常生活中，与各个时代的社会、经济、文化等产生了密切的联系。

二、茶叶的分类

茶叶可以根据加工方法和发酵程度的不同分为六大类，分别是绿茶、红茶、乌龙茶（青茶）、白茶、黄茶和黑茶。

（一）绿茶

绿茶是不发酵茶，经过杀青、揉捻、烘干等工艺制成。其口感特点为香高、味醇、形美、耐冲泡，具有清香、口感清爽、鲜爽甘甜或鲜醇等特点。常见的绿茶有西湖龙井、碧螺春、黄山毛峰等。

（二）红茶

红茶是全发酵茶，经过萎凋、揉捻、发酵、干燥等工艺制成。红茶的口感特点为花果香明显，香甜、浓醇，有的还带有焦糖香和麦芽糖香。常见的红茶有祁门红茶、正山小种、滇红等。

（三）乌龙茶（青茶）

乌龙茶是半发酵茶，介于绿茶和红茶之间。其口感特点既有绿茶的鲜浓，又有红茶的甜醇，香气清高持久，茶韵明显。常见的乌龙茶有铁观音、大红袍、凤凰单枞等。

（四）白茶

白茶是轻发酵茶，经过干燥、整形等工艺制成。白茶的口感特点为清甜、浓郁悠长、毫香显著，有的还带有花香和果香。常见的白茶有白毫银针、白牡丹、贡眉等。

（五）黄茶

黄茶是轻发酵茶，加工工艺近似绿茶，但在干燥过程的前后，增加一道"闷黄"工艺。黄茶的口感特点为香甜、浓郁、口感浓醇鲜爽，有的还带有熟栗香和甜花香。常见的黄茶有君山银针、蒙顶黄芽等。

（六）黑茶

黑茶是后发酵茶，经过杀青、揉捻、渥堆和干燥等工艺制成。黑茶的口感特点为木质陈香，浓厚醇滑、细腻绵密，有的还带有菌花香和槟榔香。常见的黑茶有普洱茶、六堡茶、茯砖茶等。

三、普洱茶厂概述

普洱茶厂是专门生产普洱茶的工厂或企业。普洱茶厂拥有自己的茶园基地，负责茶叶的种植、采摘、加工和仓储等环节。普洱茶厂的生产工艺和设备也各不相同，但一般都遵循传统的普洱茶制作工艺，如杀青、揉捻、发酵、压制等。

在市场上，有许多知名的普洱茶厂，如云南普洱茶（集团）有限公司、云南大益茶业集团有限公司、云南下关沱茶（集团）股份有限公司等。这些企业不仅生产优质的普洱茶产品，还注重茶文化的传承和推广，为消费者提供丰富的茶文化体验。

普洱茶厂在普洱茶产业链中扮演着重要的角色，它们不仅是茶叶生产者，还是茶文化传承者和市场推广者。同时，普洱茶厂也面临着市场竞争、品质控制、环保等方面的挑战，需要不断提高自身的竞争力和可持续发展的能力。

第二节　茶厂经营管理理论基础

一、茶厂经营管理概述

经营管理是茶厂发展的基石，它涉及生产、销售、人力资源、财务等多个方面。只有通过科学的管理和精细的规划，茶厂才能提高生产效率、降低成本、优化产品结构，从而在市场中获得更大的竞争优势。

（一）茶厂经营管理的含义

1. 茶厂经营的含义

经营的最初含义是筹划和设计，现代经营的概念是和商品经济紧密联系在一起的。所谓经营，就是指企业在遵守国家法律、法规和有关政策的前提下，面向市场和消费者，充分利用企业外部的有利环境和内部的资源条件，合理组织企业的产供销活动，以谋取最佳经营效益的全部经济活动过程。经营的本质是企业为实现目标而采取的使企业的经济活动与其所处的外部环境达成动态均衡的一系列有组织的活动。针对茶厂，具体来说，经营包括三层含义：一是指对茶厂各种重大问题的决策和筹划。比如，根据茶厂内外部条件及其变化，对茶厂经营方向、经营目标、经营规模、市场选择、产品开发、投资方向、技术改造及销售策略等的确定。二是着重于对茶叶产前、产后一系列工作的关注与研究，不仅包括市场调查、预测、产品的广告、商品、运销，还包括对外出口业务的筹划等。三是指对茶叶供、产、销各项活动的协调与平衡。

2. 茶厂管理的解释

管理，即管辖和治理，包括管人和理事两方面。茶厂管理是管理者为了实现茶厂经营目标，对整个经营过程的运转进行计划、组织、指挥、协调和控制，并对被管理者进行教育、激励等一系列活动的总称。茶厂管理由四个基本要素组成，即管理主体、管理客体、管理目标及管理的措施。茶厂的管理者在管理系统中占主导地位，起决定性作用。

3. 茶厂经营管理释义

茶厂经营管理是指在市场经济条件下，对茶厂经济活动具有支配权力的人，面向市场和用户的需要，平衡茶厂内外一切条件和可能，自觉地利用价值规律，通过一系列的运筹、谋划活动来达成茶厂目标。茶厂经营管理是一个连续不断的循环过程。

（二）茶厂经营管理目标

茶厂的经营管理目标是指茶厂在未来一定时期内，生产经营要达到的水平和结果。目标有层次之分，有总目标和分目标，也有战略目标和战术目标。按结构划分的经营管理目标主要有以下几个。

1. 贡献目标

贡献目标是指茶厂为社会承担责任、为社会作出贡献的目标。包括提供的产品品种、数量和质量等使用价值，以满足整个社会的需要，以及向国家上缴税费、提供积累的目标。

2. 市场目标

市场目标是指扩大市场的覆盖面，提高市场占有率（一定时期内，茶厂某产品在某一市场的销售量与同类产品总销售量的比率）的目标。它不仅反映着销售额的增加，还要以优质廉价的好产品来提高茶厂的市场信誉，向传统市场纵向渗透和开发，创造新的市场需求，最大限度地实现上述贡献目标。

3．利益目标

利益目标是指为实现茶厂自身利益和职工个人利益的目标。它集中表现为企业实现的利润总额和由此分解出来的利润留成或包干结余，为茶厂和职工提供盈余公积金和公益金的数额，它是茶厂生产经营活动和职工积极奉献的内在动力。

4．发展目标

发展目标是指茶厂自身发展壮大的目标，表现在一定时期内扩大生产规模，提高生产能力；培养人才，实施技术改造；增加产品品种，提高生产质量方面的目标。只有不断提高人员素质，逐步采用先进科学技术，企业才能不断创新和前进。

上述四个目标互为因果，相辅相成，把国家、企业和职工个人利益融合在一起，构成茶厂的总体目标。

（三）茶厂的经营管理职能

茶厂的经营管理职能包括五个方面的内容，即战略职能、决策职能、开发职能、财务职能和公共关系职能。

1．战略职能

战略职能是茶厂经营管理的首要职能。经营环境是复杂多变的，为了求得长期的生存和发展，茶厂管理者需要具有长远的眼光，站在高位，审时度势，随机应变，因而需要在战略层面上的经营。战略经营，实际上是在没有得到最准确的答案之前就采取行动。这种行动按照"了解环境—对环境信息（机会与风险）作出评价—决定对策—制定行动方案和规划—实施结果反馈"的模式进行循环。每完成一次循环，茶厂对环境的认识都更接近实际，从而使对策能正确应对多变的环境。

2．决策职能

经营管理的中心内容就是决策，经营管理在很大程度上就是经营决策，决策职能决定着茶厂经营的优劣和成败。决策正确，企业就能充分扬长避短，在充满风险的经营环境中以独特的经营方式获得成功。决策失误，有可能置茶厂于困境之中。决策职能主要通过环境预测、制定决策方案并进行方案优选、方案实施诸过程来完成。在所有的决策类型中，战略决策是最重要的决策类型。

3．开发职能

有效地开发和利用各种资源是有效经营的重要内容，茶厂战略职能的发挥很大程度上取决于开发职能的作用。经营管理的开发职能重点在于产品、市场、技术以及能力的开发。事实证明，茶厂的制胜法宝是由一流的人才、一流的技术、一流的产品构成的一流市场竞争力。因此，人才或能力开发、技术开发、产品开发、市场开发"四位一体"，构成了茶厂经营管理开发职能的主体。

4．财务职能

茶厂的经营过程自始至终都伴随着财务过程。可以说，茶厂的经营管理职能始于财务职能，终于财务职能。财务职能集中表现为资金筹措职能、资金运用职能、增值价值分配职能以及经营分析职能。资金筹措是茶厂经营活动的起点，资金运用涉及资金的重点分配与预算，增值价值的分配关系到所有者、经营者、职工三者关系的正确处理，经营分析则是茶厂经营活动的终点。茶厂经营的战略职能、决策职能、开发职能，都必须以财务职能为基础，并通过财务职能做出最终的评价。因此，财务职能是一种制约性的职能。

5．公共关系职能

茶厂是社会经济系统的一个子系统。茶厂欲维持其生存与发展，必须按照环境适应论的观点同其赖以存在的社会经济系统的诸环节保持协调，这种同外部环境保持协调的职能，被称为社会关系职能或公共关系职能。从大系统观点来看，茶厂行为受许多因素的影响，这些因素包括政治、经济、文化、科学、技术、自然等各个方面。从茶厂系统出发，茶厂同投资者、往来厂商、从业人员、顾客、同行业、政府机关、地区社会居民之间存在着密切的甚至是相互制约的关系。公共关系职能即是以茶厂为中心，有意识地进行积极的协调和必要的妥协，平衡各方利益，调节各方关系，从而为茶厂发展创造有利的环境和条件。

二、茶厂经营管理的意义

经济全球化和科学技术的发展，使茶叶产业产生了深刻的变化，同时，社会的进步也使消费者的消费需求日益多元化，这些都将把茶叶生产推到一个新的高度。茶叶生产不再是过去的"要生产什么",而是现在的"该生产什么"。随着社会主义市场经济的发展,一些茶厂的制度渐渐不能适应市场经济的发展需求,组织化程度低、经营保守、管理落后、技术力量不足,整体呈现出低效率、低活力、低效益的发展窘境,加之国外茶厂虎视眈眈,茶叶市场竞争加剧,因此,必须对茶厂进行管理模式创新,实施经营机制民营化、股份制改革,发挥茶厂真正的产业效力。

茶厂的经营管理者通过决策和计划,确定切实有效的经营目标;通过组织和指挥职能,保证正常的生产和营销秩序,以保证经营目标的实现和效益的取得;通过协调和控制,及时解决、纠正生产和流通中出现的各种矛盾和问题,确保茶厂沿着既定的经营目标及轨道向前发展;通过核算和控制,检查计划的执行情况,从而保证茶厂经营计划的执行和决策目标的实现。在此过程中,茶厂发展壮大成为有较强经济实力、市场竞争力、起到"领头雁"作用的龙头,从而加快实现茶业经济效益。

三、茶厂经营管理的理论基础

(一)茶厂经营管理的基本原理

1. 系统原理及整分合原则

(1)系统原理。系统是指由若干要素按一定结构相互联系组成的具有特定功能的有机整体。茶厂也是一个系统,它的每一个基本要素又是根据整体目标的要求,相互联系,按照一定的结构组合在一起的,既自成系统,又与其他系统构成更大的系统。经营管理的系统原理,就是指为达到科学管理的优化目标,对管理问题进行细致、系统的分析。

系统原理旨在使管理者明确管理对象是一个整体的动态系统,要求管理者从整体着眼对待部分,使部分服从整体;此外,还需明确其管理对象本身也作为一个子系统处于一个更大的系统内,经营管理中应把大系统的利益考虑进来。

(2)整分合原则。系统原理是贯穿于整个经营管理过程中的基本原理,在实践中,可具体化为若干相应的经营管理原则。其中,最重要的就是整分合原则。整体把握、科学分解、合理分工、组织综合,这就是整分合的主要含义。

概括起来的步骤是：对整体目标或任务有充分细致的了解；将整体科学地分解为一个个组成部分和基本要素，然后明确分工，使每项工作规范化，建立责任制；进行总体组织，综合实现系统的目标。现代科学经营管理中，协作以分工为前提，要在合理分工的基础上组织严密而有效的协作。整分合原则常用于组织管理中。

2. "人本"原理及动力原则

（1）"人本"原理。强调人的主动性和创造性，是现代经营管理的发展趋势。无数的事实表明，人的能动性发挥的程度与管理效应呈正相关，人的能动性发挥的程度越高，管理的效应就越大；反之则越小。"人本"原理是指各项管理活动都应以调动人的积极性、主动性和创造性为根本，致力于发挥人的作用。研究"人本"原理、认识人的生理特点和运动规律，提高经营管理效率，对促进茶厂经济效益的提高具有重要的意义。

（2）动力原则。经营管理必须有强大的动力作支撑，这就是动力原则。经营管理的动力，主要体现在职工的积极性和创造性发挥的程度。而职工的积极性和创造性的产生与发挥，与物质、精神和信息刺激密切相关。

①物质动力。物质动力是指合理地运用工资、奖金和利润分配等物质要素，调动员工的积极性，搞好生产，推动工作。物质动力是第一动力，与人类的生存和社会的进步息息相关。在茶厂的经营管理中，要坚持物质利益的原则。

②精神动力。精神动力就是用精神的力量来激发人的积极性、主动性。经济越发展，生活水平越高，精神方面的要求就越多。理想、爱好、目标等精神追求在现代生活中占据着越来越重要的地位。因此，在茶厂管理中，要创造条件，满足人们的精神需求，以提高工作效率，促进企业的发展。

③信息动力。信息是指人类一切知识学问以及客观事物中的各种消息的总和。随着科技水平的进步和社会生产力水平的提高，信息在现代社会中的地位越来越重要，不仅成为无形的资源和财富，还是一种有效的动力。充分利用信息来形成动力，对提高企业管理效率和经济效益十分重要。

以上三种动力是相互联系、相互影响、相辅相成的。三者的关系是：物质动力是基础，精神动力是支柱，信息动力是源泉。三种动力要综合、协调地运用，才能调动一切积极因素，促进工作、生产效率的提高。

3. 动态原理及弹性原则

（1）动态原理。动态原理是指经营管理活动要注意把握经营环境及管理对象运动和变化的情况，不断进行调节与适应，以实现经营管理的整体目标。市场需求发生变化，茶厂的经营方向和策略也要作相应调整，这样才能保证茶厂的生存和发展。此外，管理对象也是受各种不确定因素影响的系统，因此经营管理的目标制定和计划实施，也必须随着系统内外条件的变化而不断地修改补充。简言之，系统的经营管理工作是相对静止、绝对运动的。

动态原理要求每个管理者应充分认识到，经营环境和管理对象以及目标都在发展、变化，不能一成不变地看待它们，更不能用原有的模式去套。经营管理过程的实质，就是要把握管理对象在运动、变化的情况下，如何注意调节，实现整体目标。为此，要重视收集信息，及时反馈，随时调整，并保持充分的弹性，以适应客观事物各种可能的变化，有效地实现动态管理。

（2）弹性原则。弹性就是指事物的伸缩性和可塑性。所谓弹性原则，就是在动态管理中，必须留有一定的余地，使管理系统保持充分的伸缩性，以便适应客观事物各种可能的变化。世界上一切事物都处在运动变化之中，茶厂经营管理也带有很大的不确定性，所以是动态的，必须留有余地，并保持可调节的弹性和对策。

在应用弹性原则时要严格区别消极弹性和积极弹性。消极弹性是把留有余地当作"留一手"，比如计划订得松些、指标定得低些等。现代经营管理应着眼于遇事"多一手"的积极弹性，在关键环节保持可调性，事先预备可供选择的多种可行方案，以便情况发生变化时有应急措施，使管理过程的各个环节、工作都能协调起来，有节奏、有秩序地进行生产和经营，增强计划的严密性和灵活性，不断提高经营和管理效益。

（二）茶厂经营管理的基本方法

管理方法是指执行管理职能，实现管理目标，保证管理活动顺利进行的各种专门方式和措施的总称。它是管理活动主体作用于管理活动客体的桥梁。管理方法在管理活动中起着不可低估的作用，不仅可以使管理者更自觉地利用规律，促进管理活动顺利开展，还能通过管理职能的执行保证管理过程的有效性。管理方法很多，按照管理方法的层次和适用程度分类，可分为哲学方法、一般方法及具体方法。下面所叙述的方法是一般方法，即基本方法。

1. 行政方法

所谓行政方法，是指依靠行政组织的权威，运用行政命令指挥下属工作。

它具有权威性、强制性、单一性、直接性、稳定性和无偿性等特点。行政方法的实质是通过职务和职位来管理，强调职责、职权、职位。行政方法管理的基本原则，是以强制和服从为核心，执行严格的等级制度，每个行政组织和领导职务都有严格的职责和权力范围，下级对上级的指示要负责贯彻执行，上级对下级的行动结果要负领导责任。行政方法在茶厂管理中便于集中力量、统一行动，保证组织任务的完成，有利于管理职能的发挥，能迅速有效地处理特殊问题，但行政方法存在较大的局限性。比如经营管理的效果受领导者的水平高低的影响，既不利于分权和发挥下级的积极性，也不利于横向联系，影响经济协作，有时还易产生诸多矛盾。

2．经济方法

所谓经济方法，是指依靠经济组织，按照客观经济规律的要求，运用各种经济手段（如工资、利润、奖金、罚款等）和经济方式（如经济合同、经济责任制等）对经济活动进行控制，以实现管理目标的方法。经济方法的实质是在物质利益原则下，处理好国家、企业和个人三者之间的经济关系，使劳动者从物质利益上关心劳动成果，从而有效地调动人们的积极性和创造性。经济方法是一种行之有效的管理方法，既有利于促进各级组织主动利用自身条件，灵活开展生产经营活动，提高经济效益；也有利于激励职工从物质利益上关心组织目标的实现，保证生产任务的完成；还有便于分权，进而提高工作效率。

（1）经济方法的特点。

①以价值为基础，以物质利益为核心，按劳分配，将企业、职工个人的物质利益与工作成果挂钩。

②采用统一的价值尺度衡量经济成果，任何组织和个人都是公平、平等地获得物质利益，合约双方具有平等的法人地位。

③运用的经济手段和经济方式之间关系密切、复杂。如调整工资、发放奖金、处以罚款等，都会涉及其他方面的问题，并产生连锁反应，需要认真、谨慎对待。

（2）经济方法的局限性。

①以物质利益为基础，不但带有一定的盲目性和自发性，而且容易出现只讲经济效益，不讲社会效益和生态效益的负面情形。

②用经济方法调动职工群众的积极性容易忽视精神文明建设。在采用过程中，要兼顾物质文明和精神文明的建设。

③利益中心取向容易滋生个人主义、小团体主义，影响集体的凝聚力。

3. 法律方法

法律方法是指运用经济法律规范和类似经济法律规范性质的各种行为规范，执行管理职能的方法。法律方法的实质就是要以事实为依据，以法律为准绳，规范经济行为，调整经济关系，处理经济纠纷，以保证生产经营秩序，维护各级组织及成员的正当权益，调动人的积极性，促进经济的不断发展。法律方法能够保护合法行为，禁止违法行为，使生产经营活动正常进行；有利于组织机构、岗位划分、权责规定、信息沟通、关系调节规范化，增强管理系统的整体效能和稳定性；把各种管理方法的运用纳入法治轨道，保证其作用的发挥和管理职能的实现。法律方法的特点有概括性、规范性、强制性、稳定性、预见性等。法律是上层建筑中属于法的一部分，它只能在有限的范围内调整和控制人们的经济活动。在法律方法作用的范围之外，还有大量的各种经济关系需要调整和经济活动的管理工作要做，因此法律方法应与其他管理方法结合运用。

4. 教育方法

教育方法是指通过传授、宣传、启发、诱导等方式，提高人们的思想认识和文化技术水平，发挥人的主观能动性，行使管理职能的方法。教育方法的实质是启发人们认识真理，激发人们的主动精神，为完成组织的目标而奋斗。教育方法是提高人的素质的根本手段，也是其他方法发挥作用的先导和前提，因为任何其他管理方法的实施都离不开宣传教育，教育方法还是激励人的动机，培养人的责任感和纪律性，调动人的积极性的重要方面。教育方法有利于实现各级组织的现代化，提高职工的文化技术水平，以适应新技术革命的需要。教育方法的特点有长期性、非直接性、启发性、广泛性、灵活性等。教育方法在管理中的作用范围是有限的，因此，它只有与其他管理方法结合起来运用，才能达到预期的效果。

5. 数学方法

数学方法是指在管理活动中，运用数学和数学知识，通过建立数学模型，进行数量计算和数量分析的一种方法。数学方法的实质是掌握、分析经济活动过程的数量关系，找出数量界限，使管理工作科学化。在企业经营管理中的数学方法有生产函数、预测与决策技术、投入产出分析、网络技术、线性规划、价值工程、量本利分析等。其特点有计量性、严密性、先进性、广泛性等。在茶厂经营管理中，运用数学方法可以全面、深入、精确地了解经济组织生产经营活动过程和外部环境的状况，并对经济活动进行科学预测；可通过实际与目标、标准的数量比较分析，对实际的生产经营活动进行有效控制，保证组织目标的实现。此外，数学方法也是管理的辅助手段，具有局限性，且运用时受到许多客观条件的限制。一般来说，定量分析要与定性分析紧密结合，才能得出正确的结论。

在茶厂的经营管理中，运用各种管理方法时，首先要考虑采用的方法是否能达到管理的目的，其次选择方法要尽可能使成本降低，再次方法要在系统性和完整性的统筹下协调运用，最后管理方法的选择和运用要"因地制宜"，与管理对象相呼应。

（三）茶厂基本经营管理理念

1. 经营思想

茶厂经营思想是贯穿于茶厂经营活动全过程的指导思想，它是由一系列观念或观点构成的对经营过程中发生的各种关系的认识和态度的总和。茶厂最基本的经营思想，就是扬长避短，发挥优势，以优质产品和服务满足社会需要，从而取得最好的经济效益。

（1）市场观念。市场是企业的生存空间。市场观念是企业经营思想的中心。从国外与国内来看，市场观念都是逐步发展的，大体可分为三个阶段：第一阶段为生产中心型，其特点是以产定销，卖方市场，买方风险；第二阶段为消费中心型，其特点是以销定产，买方市场，卖方风险；第三阶段为动态均衡型，其特点是满足顾客需要与创造顾客需要相互作用，形成双重的市场运行轨迹。树立正确的市场观念，要做到以下三点：①铲除长期以来的以产定销、生产中心论思想；②树立以创造性经营去创造顾客需要的新思想；③树立大市场观念，即全球市场一体化观念。

（2）客户观念。客户是市场与消费者的具体组成部分。客户的多寡直接决定着企业的命运。面对同一市场，经营得法，客户会不断增加；经营失策，客户会日渐减少。一个没有客户的茶厂，也就失去了生存的基本条件。正确的客户观念体现在：①站在客户的立场想问题，按照"假如我是客户"的标准处理问题；②树立客户至上的观点，把客户需求和客户利益放在第一位；③树立先客户后利润的思想，只要能赢得客户，即使是暂时亏损的个别服务或订货也要承接；④为客户提供最适宜的产品和最佳的服务，使客户从产品的使用和服务过程中得到直接的经济利益。

（3）竞争观念。竞争是市场经济的主旋律，竞争的旋律是优胜劣汰。茶厂是市场竞争的主体，市场竞争既是茶厂走向天堂的金桥，也是茶厂走向地狱的栈道。茶厂的兴衰存亡全系于对市场环境变化的适应能力和驾驭能力，茶厂只有在激烈的竞争中树立优势，才能立于不败之地。树立正确的竞争观念，要正确地选择竞争领域和对手，敢于同强者竞争，学会与狼共舞，通过竞争合作取得双赢。公平竞争的主要手段已经从价格竞争、质量竞争、服务竞争发展到更深的层次，即人才、技术、管理等综合素质的竞争以及茶厂核心能力的竞争，因此，竞争观念也要不断深化。

（4）创新观念。创新是茶厂的生命力。创新观念既包括产品的创新，也包括经营方式的创新。勇于探索、富于创造精神的人才是创新的基础条件。创新要有科学的思想，这个思想就是永不满足于已经取得的成就。创新要面向广阔的领域，最广阔的领域就是别人尚未涉足的事业。因此，创新一般都是敢为人之不敢为，能为人之不能为。只有思想新、眼界宽、领域广、办法多、信心足，不断改革经营战略和经营方法，不断采用新的科学研究成果和技术，不断开辟新的生产领域和新的市场，不断生产出新结构、新用途、新工艺、新材料、新款式的产品，才能在竞争的环境中永远处于领先地位。

（5）开发观念。开发观念要求经营者要善于有效地开发和利用茶厂的各种资源。茶厂的资源包括资金、物质资源（包括设备与材料）、人力资源、空间资源（主要是市场）、时间资源、技术资源、信息资源、管理资源等。其中，资金的开发表现为扩大资金的来源和科学地进行资本运营。物质资源的开发表现为设备的有效利用，设备改造与更新以及新材料的采用和各种材料的综合利用。人力资源的开发表现为人的智力与能力的开发。空间资源的开发表现为旧市场的渗透、新市场的开拓以及市场占有率的提高。时间资源的开发表现为时间的广度利用与强度利用。技术资源的开发表现为新产品的发展、新技术的应用。信息资源的开发表现为市场信息与科学技术发展信息的收集、加工、筛选与存储。管理资源的开发表现为管理专家的训练、管理组织和管理技术的改进等。

（6）效益观念。茶厂经营管理的中心任务是保证茶厂生产经营活动能够取得良好的经济效益。评价一个茶厂的经济效益，首先要看它是否有利于提高社会综合经济效益,其次才看它的盈利多少。效益观念要求茶厂以其产品和服务给社会和消费者带来直接和间接的利益为宗旨,根据社会需要和消费者的利益采用最有效的技术,生产最适用的产品,提供最佳的服务,而后才是企业自身的利润。

2. 经营哲学

所谓经营哲学,就是经营者对经营过程中发生的各种关系发展变化的规律性认识和树立的信念与行为准则。经营哲学的核心是价值观,不同的价值观造就不同的茶厂经营理念,进而所采取的经营管理方式也有差异。茶厂的使命是经营哲学的引领,是经营哲学发挥作用所要实现的目标。正确的经营哲学能使人们以正确的思维方式认识和对待经营过程中发生的一切变化和关系。例如,对"风险与机会"的辩证认识,可以使经营者保持清醒的头脑,处于顺境而不迷,处于逆境而不惑。经营哲学还常常以某种信念的形式支配着人们的观念和行为。我国茶厂在经营机制转化和制度创新的过程中,也逐步形成了自己所特有的经营哲学。诸如,以质量求生存,以品质求发展;客户至上,信誉至上;没有最好,只有更好,这些都是我国经营者的信念。

第三节　普洱茶厂经营管理趋势

一、我国普洱茶厂经营管理的现状评价

计划经济时代,茶叶是短缺产品,茶叶市场是卖方市场,那时候的茶厂经营管理实际上是生产管理,指导思想是提高茶叶生产的效率。

改革开放以后,我国的经济体制逐渐向市场经济体制转变,茶叶市场逐渐放开,茶叶产量不断上升,茶叶市场逐渐从卖方市场转向买方市场。原来以生产为主的经营管理观念不再适应客观需求,需要用现代营销理念优化企业营销行为,但大多数茶厂经营管理并没有树立以市场需求为导向的观念,仍旧一边努力生产一边对应推销,形成了以推销茶叶来被动适应市场的经营管理格局。

20世纪80年代末,人们的生活水平明显提高,消费者对茶叶的需求开始

向优质化、多样化方向发展。一些有眼光的茶叶经营者发现了这个需求，开始大胆地进行茶叶产品结构调整，大力发展名优绿茶。名优绿茶的成功引起了众多经历"卖茶难"茶厂的思考，越来越多的茶厂开始树立市场导向的观念，纷纷开发名优茶。名优茶的发展，推动了茶厂经营管理观念的转变。

普洱茶作为中国茶文化中的一颗璀璨明珠，近年来在国内外的声誉日益提高。然而，随着市场的不断扩大和竞争的加剧，我国普洱茶厂在经营管理上面临着一系列挑战和问题。本书将从多个角度对我国普洱茶厂经营管理的现状进行评价。

（一）生产管理

普洱茶的生产需要经过多个环节，从原料采购到加工、发酵、陈放等，每个环节都对最终产品的品质产生重要影响。然而，当前我国部分普洱茶厂在生产管理上存在一定的问题。

1. 原料采购

部分茶厂为了降低成本，采购低质的原材料，导致产品质量下降。同时，原料的储存和保鲜也是影响产品质量的重要因素，部分茶厂在这方面做得不够好。

2. 生产工艺

普洱茶的发酵和陈放工艺需要严格控制，部分茶厂在这方面缺乏科学的管理，导致产品质量不稳定。

（二）市场营销

市场营销是普洱茶厂经营管理的重要环节，当前我国普洱茶厂在市场营销方面也存在一定的问题。

1. 品牌建设

虽然我国普洱茶品牌众多，但真正具有影响力的品牌并不多。大部分茶厂缺乏品牌意识和品牌建设能力，导致产品在市场上的竞争力不足。

2. 销售渠道

大部分普洱茶厂的销售渠道比较单一，主要依靠线下经销商和实体店面销售。这种销售模式在当今高度数字化的市场中显得力不从心，无法满足消费者的多元化需求。

（三）财务管理

财务管理是普洱茶厂经营管理的核心环节之一，当前我国普洱茶厂在财务管理方面也存在一定的问题。

1. 预算管理

部分茶厂缺乏科学的预算管理机制，导致成本居高不下，影响企业的盈利水平。

2. 资金管理

部分茶厂在资金管理方面不够规范，导致资金使用效率低下，甚至出现资金流失和挪用的情况。

（四）人力资源管理

普洱茶厂的人力资源管理也是经营管理中的重要环节，当前我国普洱茶厂在人力资源管理方面也存在一定的问题。

1. 员工素质

部分茶厂员工的素质参差不齐，对产品的品质和企业的形象产生了不良影响。同时，员工的专业技能和知识水平也需要不断提高。

2. 激励机制

部分茶厂缺乏有效的激励机制，导致员工的工作积极性和创新性不足。企业需要建立科学的绩效考核体系和激励措施，提高员工的工作热情和忠诚度。

二、普洱茶厂经营管理的趋势展望

（一）知识经济时代的茶厂管理特征

知识经济时代由于信息技术带来的变革，茶厂的经营管理方式正由农业社会的集权管理、工业社会的生产管理，向创新管理和知识管理转变。人力资源在茶厂多种要素中的作用越来越突出，而知识的创造活动也成为茶厂最重要的活动，并逐渐形成以知识为核心的茶厂管理的崭新模式。

（二）知识经济时代下的茶厂经营管理趋势展望

知识经济时代要求茶厂建立学习型的组织，不仅着力于知识运用，还着力于组织创新和制度创新，在茶厂的每个生产环节都有相关专业知识的融入，随时都有生产、销售、市场信息的接收与反馈，茶厂生产的内核通过各方面知识的集成，外化为市场青睐、消费者欢迎的产品来体现，因而能够推动茶厂的持久与良性发展。展望知识经济时代茶厂的经营管理趋势，主要有以下几个方面。

1．运用知识资本开拓市场

知识经济时代茶厂要改造传统的劳动密集型生产方式，建立扁平型组织架构，大力推动知识管理在茶叶从农场（茶园）到消费者手中各个层面的运用。通过知识在全球范围寻求新的发展，又通过知识推动茶厂与国内外的市场相应互动。适应多元市场需求，通过个性化的设计，满足不同层面、不同消费要求的规模化生产，开发出质优价适的细分产品。

2．依靠知识资本跨越国外技术壁垒

茶叶等农产品因其特有的质量不确定性，使得各国在同种商品的质量标准上，难以采取相同的衡量标准。不少国家便借此发难他国，以达到保护本国市场的目的。因此，国际农产品的竞争越来越体现在知识资本的投入上。不仅茶农要有科学知识，要种植成无公害食品茶、绿色食品茶和有机食品茶，而且茶厂，尤其是开展国际业务、跨国经营的茶厂更要如此。

3．增强知识资本，促进茶厂不断学习和创新

知识经济时代的特征，决定了学习才是驱动茶厂可持续成长的轮子。

（1）观念的改革。网络化和计算机的普遍应用，使得茶厂外部交易成本逐渐减少，在组织货源的速度、效率、规模和配置方面，都与传统手段差别甚大，相应地要有全新的经营理念。

（2）工作环境和工作方法发生巨大变化。在电子网络环境下，茶厂要及时与其他茶厂和外部环境相联合，不断适应快速变化的环境，学习创新显得尤为重要。

（3）茶厂决策面临更高的速度要求，只有学习和创新才能适应。

（4）新产品从概念到现金流的时间缩短，研发和推广被极大地简单化，使得学习和创新成为唯一能够对此加以消化解决的途径。

（5）开放、合作、竞争的范围和对知识的要求越来越高，压缩了用传统方法获利的空间，也加快了对学习和创新的要求。

4．通过知识管理提高企业经济效益

在知识经济时代，展望茶厂的发展前景，一是必须注重茶厂产业的结构

优化，以经济增长为基础，不断延伸产业链，形成产业集群，使它达到最优状态。如国内市场的绿茶、乌龙茶及其精加工等。可考虑坚持立足名优特的产业原则，发展知识附加值高的茶叶产品。二是必须培育具有自有品牌特色的支柱产业，这是支撑茶厂经济效益不断向前发展的关键。三是必须靠技术创新的扩散动力，推动企业的产品优化升级。

5．追求企业可持续发展

知识经济实际就是可持续经济。茶厂只有运用现代的科技，既注重快速发展，增加效益，又注重稳妥健康，富有后劲，积极导入高新技术，发展循环型茶业、节约型茶业，不断推动茶厂的科技进步。唯有如此，才能不断推出为大众所推崇的，高品质消费的，健康、安全、卫生的茶饮品，以创造更强的国内、国际市场竞争力，茶厂才可能拥有可持续发展的保障。知识的应用与创新，是茶厂在知识经济、信息高度发达时代可持续发展的最重要动力。

第二章　普洱茶厂组织建设

组织工作在管理中扮演着重要的角色，而组织模式设计则是茶厂组织建设的基础。由于经营业务性质和内容的差异，不同类型的茶厂会有不同的组织结构模式。此外，茶厂的组织结构还受到规模、技术复杂性、发展战略和环境等多种因素的影响。这些因素的变化都会对组织模式提出新的要求，进而推动茶厂组织模式的变革和创新。对于中国茶业的发展而言，茶厂的组织构建也在不断适应市场化和现代化的需求，展现出多样化和创新化的发展趋势。

第一节　普洱茶厂组织设计原理

一般认为，组织是为实现特定目标而在分工合作基础上构成的人的集合，而组织模式是在分工合作基础上为实现目标而形成的某种标准形式或固定格式。就茶厂而言，其在长期发展中形成的组织模式，是适应茶厂的主要活动的人的集合以及实现茶厂战略的协调方式。

一、茶厂组织设计的基本认知

（一）茶厂组织设计的界定及内容

茶厂组织是指为实现茶厂的目标及执行企业的战略策略，对茶厂的人力资源进行调配所建立的社会机构。而茶厂组织设计是将组织内的人力资源合理分配于不同的任务，并通过对人员的分组取得协调一致的行动。通常而言，茶厂组织设计主要包括以下几个方面的内容。

1. 劳动分工

劳动分工，即把一项复杂的任务分解为一系列简单、重复的子任务，实现职能的专业化。在茶叶生产领域，这种分工尤为关键。为了确保生产流程的高效运行，通常会根据工艺流程和生产工序进行岗位设置，使得每个岗位都具有明确的职责和功能。这种精细的分工有助于提高生产效率，降低成本，确保茶叶的品质。

2. 部门设计

部门设计是指将专业人员进行归类，形成茶厂内部相对独立的部门。部门设计主要有以下几种方式：

（1）职能部门化，即按企业活动的职能划分为营销部、生产部、财务部、行政后勤部等。对于茶厂来说，通常依据茶叶种植、生产加工及销售环节设计相应的责任单位或职能部门予以对应负责。

（2）产品或服务部门化，按照茶厂的产品类型来划分部门。例如，某茶厂依据自身开发的茶叶产品类型，如普洱茶、铁观音等进行部门划分。

（3）客户部门化，按照组织所服务的对象特点来划分部门。这在销售型的茶厂经营组织中较为常见，如将客户划分为一般顾客及 VIP 客户为其提供不同的服务模式等，并分别对应不同的组织管理单位、部门进行负责。

（4）地区部门化，按照主要业务发生的地区来划分部门。例如，1993 年由台湾茶商李瑞河先生创办的天福茗茶遍布全国几千家门市，其商业触角直接涉及终端消费。但是对诸多门店的加盟控制与统一产品供应则主要归入大区域方式进行管理。

当然，现实中的茶厂，尤其是一些大型茶厂往往将以上几种方式结合起来，构成一个层次结构式的部门化组织形式。

3. 确定责任和权力

确定责任和权力是指确定茶厂中各类人员须承担的责任范围，并赋予其使用茶厂资源所必需的权力，从而构建起保障组织运行的制度规范。

4. 管理幅度和管理层次设计

管理幅度是指一个管理人员能有效地直接领导和控制的下级人员数目。管理层次是指组织内纵向管理系统所划分的等级数。一般情况下，管理幅度与管理层次呈负相关，并由此促成扁平式与层级式两种不同的组织模式。

（二）茶厂组织设计的基本原则

1．效能原则

茶厂是以盈利为目的，利润最大化是它的首要目标，当然除了利益目标外，茶厂的经营目标还包括社会效益目标及生态效益目标等。比如，茶厂的社会效益就体现在其通过组织生产和销售，为社会提供茶制品，以满足人民不断增长的物质文化生活的需要。

2．专业分工和协作原则

在合理分工的基础上，各专业工序与责任部门只有加强协作与配合，才能保证整个茶厂管理的顺利运行。

3．指挥统一的原则

茶厂组织机构的设置必须保证行政命令和生产经营指挥的统一。尤其对于当前的中国茶厂而言，往往同时兼具茶叶生产与销售的双重功能，生产基地与营销网点往往分隔较远，为保障茶厂的统一性与高效性，必须严格遵守指挥统一的原则。

4．权责一致性原则

受制于中国茶业正处于传统向现代商业模式转化的时期，茶厂的经营管理大多还处于粗放阶段，缺乏严密的制度设计和相对固定的组织架构。要维持茶厂的持续发展，保障组织的顺畅运行，尤其需要强调任务实施的权责一致性原则。

5．稳定性和适应性相结合的原则

本原则要求茶厂进行组织设计时，既要保证茶厂在外部环境和茶厂任务发生变化时，能够继续有序地正常运转；同时又要保证组织在运转过程中，能够根据变化了的情况作出相应的变更，组织应具有一定的弹性或适应性。这也是对中国茶业当前复杂现实的必要适应。

二、茶厂组织设计的思想与结构模式

（一）茶厂组织设计的思想

组织设计必须有一个基本理念作依托，并据此带动组织中劳动分工、部门

层级划分及整个组织的运作流程设计。其中的一种理念是设计理念，亦即依据亚当·斯密的劳动分工而形成，体现了劳动分工理论的优点和基本内涵。按这种设计思想设计出来的茶厂组织，其基本构件是专业化的工作岗位，组织结构形态是一种高耸的层级制（科层制）组织结构形式。这种设计思想的不足之处是破坏了业务流程的整体性，不利于满足"社会人"和"自我实现人"的需求，从而影响员工的积极性。第二种理念思想产生于 20 世纪 90 年代的茶厂再造理论和以活动过程为中心的组织设计思想。根据这一设计思想设计的茶厂，其基本构件是活动过程。这种设计思想不但克服了第一种设计思想的不足，而且由于按活动过程组成的团队拥有内部协调较多的自主权，使分管人员的协调工作量减少，管理幅度增大，使组织结构趋向扁平。

（二）茶厂组织设计的基本结构模式

茶厂组织结构是指茶厂内部的机构设置和权力的分配方式。基本的茶厂组织结构模式主要有直线制、职能制、直线职能制、事业部制、矩阵制。

1. 直线制组织结构模式

直线制组织结构，是一种实行直线领导、不设职能机构的组织管理形式，是最简单的集权组织形式，如图 2-1 所示。

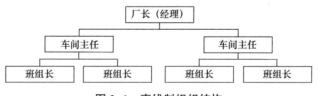

图 2-1　直线制组织结构

这种组织结构的优点是：结构简单，责任分明，权力集中，指挥统一，决策迅速。其缺点是：①由于直线指挥与职能管理不分，因此要求领导者通晓多种知识技能，亲自处理各种业务，对领导的知识和能力要求较高；在业务比较复杂、茶厂规模比较大的情况下，把所有的管理职能都集中到最高主管一人身上，最高主管通常难以胜任。②各层领导机构实行综合管理，无专业化分工，不易提高专业管理水平。③在层次较多的情况下，横向信息沟通较困难。

这种组织结构，由于受领导者能力的限制，管理幅度不可拓宽，因而企业的规模不可能大，只适于小型茶厂。现实中，也多用于大量的小微茶厂或者兼营茶叶产销的茶农作坊主（准茶厂）。

2．职能制组织结构模式

职能制组织结构，是除各级主管负责人外，还相应地设立一些职能部门，协助主管工作。这种组织结构要求主管把相应的管理职责和权力交给相关的职能机构，各职能机构就有权在自己的业务范围内向下级单位施以命令，如图2-2所示。

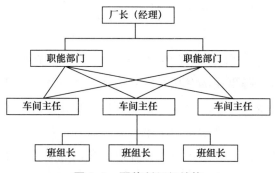

图 2-2　职能制组织结构

职能制组织结构的优点是可适应组织规模扩大、管理复杂的要求，形成独立的管理层。缺点是多头领导，管理层与职能层协调困难。通常该种模式适用于业务拓展、任务繁多的成长型企业。

3．直线职能制组织结构模式

直线职能制是在直线制和职能制的基础上，取长补短，吸取这两种形式的优点而建立起来的，如图2-3所示。

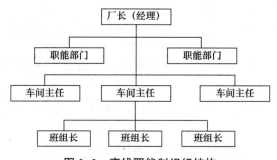

图 2-3　直线职能制组织结构

目前，我国绝大多数中型茶厂采用这种组织结构形式。这种组织结构形式把茶厂管理机构和人员分为两种类型：一类是直线领导机构和人员，按照命令统一原则对组织各级行使指挥权；另一类是职能机构和人员，按专业化原则，从事组织的各项职能管理工作。

直线领导机构和人员在自己的职责范围内有一定的决定权和对下属的指挥权，并对自己部门的工作负全部责任。而职能机构和人员，则是直线指挥人员的参谋，不能对直线部门发号施令，只能对其进行业务指导。

该类型组织结构的优点是既保留了职能层，又克服了职能制多头领导的缺陷。缺点是职能层与管理层协调有难度，适用于稳定的大中型茶厂。

4．事业部制组织结构模式

事业部制是在大型茶厂中，依据经营业务或产品大类而构建的分支单位的分权式组织结构形式，简称 M 型结构。即在总经理的领导下，按地区、市场或商品设立事业部，各事业部有相对独立的责任和权利，如图 2-4 所示。适用于规模庞大、品种繁多、技术复杂的大型茶厂，也是国外大型茶厂经常采用的组织结构形式。事业部制贯彻集中决策、分级管理的原则。茶厂战略方针的确定和重大决策集中在总经理层，事业部在总经理的领导下，依据茶厂的战略方针和决策实行分权化的独立经营。各事业部作为利润中心，实行独立的财务核算，总部一般按事业部的盈利多少决定对事业部的奖惩。但事业部的独立性是相对的，不是独立的法人，只是总部的一个分支机构，即分公司。它的利润是依赖于公司总部的政策计算的，它在人事政策、形象设计、价格管理和投资决策方面一般没有大的自主权。

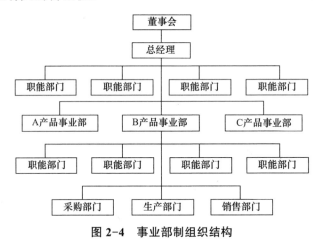

图 2-4　事业部制组织结构

事业部制的优点：总公司的领导可以摆脱日常事务，集中精力考虑全局问题；事业部实行独立核算，更能发挥经营管理的积极性，更便于组织专业化生产和实现茶厂的内部协作；各事业部之间有比较，有竞争，这种比较和竞争有利于茶厂的发展；事业部内部的供产销容易协调；事业部经理要从事业部整体来考虑问题，这有利于培养和训练管理人才。其缺点：公司与事业部的职能机构重叠，构成管理人员的浪费；各事业部实行独立核算，只考虑自身的利益，影响事业部之间的协作，一些业务联系与沟通往往也被经济关系替代；集权与分权的程度有时难以掌握，处理不好会削弱统一性，协调难度大。

5. 矩阵制组织结构模式

有鉴于上述四种组织结构模式的共同弱点——横向沟通比较困难，组织缺乏弹性，现实中企业发展还呈现出矩阵制的组织结构模式来弥补上述缺陷。但这种组织结构模式从现实来看，多为补充性组织变革措施，很少有企业能够长期稳健运行该模式。

矩阵制组织结构，如图 2-5 所示。

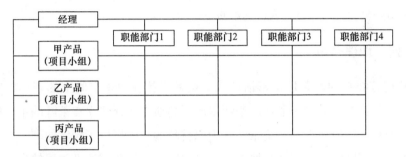

图 2-5 矩阵制组织结构模式

三、茶厂组织设计应考虑的影响因素

茶厂的组织设计一般应考虑以下影响因素。

（一）经营业务的性质及内容

很显然，单一生产茶叶的厂商与兼营茶叶种植、加工与销售的茶厂相比，后者由于需要有茶叶生产和销售等环节，要经过确定生产量、按标准化流程生产茶叶、向销售部门或者公司发货等多个环节，流程要复杂得多，组织结构自然也变得更为复杂。

（二）经营规模

经营规模的大小是影响组织结构中管理跨度和层次结构的重要因素。规模越大，其内部工作的专业化程度就应越高，标准化操作程序就越容易建立。这样管理者用于处理日常事务的时间就越少，因而管理跨度就可以大一些。但是，规模大的茶厂，经营范围宽，业务量大，有些管理职能就需要独立出来，这就会增加机构，增加层次。而且规模越大，受管理者能力的限制，分权的程度就会越高，有可能需要建立分权式的组织结构。

（三）人员素质

人是组织中的决定因素。组织中人的素质对组织结构起着决定性的作用。人员的素质包括身体条件、政治思想、职业道德、知识水平等。高素质的管理者，可以承担更多的责任，可以赋予他更大的权力；一专多能的人才，可以身兼多职，这样可以精简人员和机构。管理人员的素质也是影响权力来源结构的重要因素。

（四）地理分布

地理分布指的是茶厂运营活动或其机械设施在地理空间上的布局。鉴于原材料——新鲜茶叶的供应考量，茶叶生产厂商通常选择建立在茶叶的主产区，这些地区拥有理想的地理和土壤条件，为原材料的获取提供了极大便利。相对地，茶叶销售厂商则倾向于在多个地点设立经营网点，导致其地理位置较为分散。因此，在进行部门划分和管理层次设定时，地理分布成了一个不容忽视的关键因素。

（五）外部环境因素的变化程度

外部环境的经常变化要求企业的组织结构应具有较强的适应性。机械式的组织结构只能适用于稳定的外部环境。变化频繁的环境则要求组织结构应具有灵活的动态性。环境越是复杂和动荡不定，就越要组织内部协调合作，形成统一整体。

第二节　普洱茶厂生产型组织模式

普洱茶厂依照其主要经营内容大致可分为生产型、销售型以及产销兼顾型三种。依照组织设计的原则与内容，不同类型茶厂的组织模式设计均带有各自的相应特色。其中，就生产型茶厂而言，其茶厂的组织模式设计主要与茶叶生产加工技术特点直接相关。

一、茶叶生产加工对茶厂组织设计的一般要求

（一）茶叶生产加工的一般性流程

茶叶生产和加工的技术特点决定了茶产业组织模式的基本特征。从技术角度看，成品茶生产一般包括鲜叶生产、鲜叶初制和深加工等环节。因为从茶树上采摘的鲜叶不能直接用来消费，所以初制加工是茶叶产品生产的必需环节。精制加工技术则是为了满足特殊市场群体的需要，如我国出口的大宗茶就需要精制加工。此外，为更好地适应茶叶市场化的发展及名优茶的消费需要，消费市场对茶叶的精制加工技术要求日趋提高。由此，茶叶的生产加工车间及生产加工的流程设计均是按照茶叶生产加工的技术特点与要求展开，一般包括萎凋、做青、炒青、揉捻、烘焙、拣剔、拼配、包装等流水线工艺。

（二）品质管理对茶叶生产型厂商的新要求

由于茶叶属于食品范畴，其卫生安全关乎消费者的健康安全，也是茶叶产业立足之根本，因此，当前诸多有条件的茶厂开始在企业内部设置茶叶质量检测部门或者相应的品质管理部门，追求对诸多品质认证资格的获得，以确保本企业茶叶供应的质量安全性与品质完美性。

二、茶农与茶厂的组织链接

对于茶叶生产企业来说，其茶叶原料的供应除了茶厂的自有基地来源外，很大一块供应源必须与茶农的茶叶种植紧密相关。在长期的茶农与茶厂合作过程中，逐渐形成了二者之间的组织链接与组织渗透，这其中既包括茶农与茶厂的原料供应与收购链接模式，也包括茶厂为获得保质保量的茶叶原料而对茶农茶叶种植及初加工行为的干预。由此，促成了茶厂的独特关联组织。

（一）"厂商＋农户"的组织模式

茶厂和农户是协作利益的关系，按照茶产业一体化链条中各经营主体（龙

头厂商、农户等）联结的方式来划分，这种组织模式有三种类型。

1．市场买卖型

市场买卖型即龙头厂商和农户之间通过市场买卖发生联系，双方没有任何经济上的约束，只是一种单纯的商品买卖关系。由于龙头厂商与农户的利益关联度小，农民自行决定产销，价格随行就市，农户要承担生产经营和市场的双重风险，容易造成生产的大起大落，势必影响龙头厂商的原料供应。这种类型属于"厂商＋农户"组织模式的初级形式。

2．合同契约型

合同契约型即龙头厂商和农户之间通过签订合同契约建立协作关系。茶厂根据自己的生产需要，与农户签订合同，对农户生产给予扶持和提供各种服务，并以保护价收购农产品；农户根据合同规定进行农业生产，为茶厂提供农产品。这种模式中，茶厂主要承担市场风险，从而大大降低了农户的风险，避免了由于农产品价格波动引起的生产大起大落。同时，龙头厂商与农户的生产以合同契约形式规范化，双方各尽其责，形成了利益相关共同体。在生产季节，茶厂以保护价收购农户的茶叶鲜叶，农户负责日常茶园的管理和鲜叶的采摘。

3．共同资产型

龙头厂商与农户之间以产权为纽带，通过股份制、股份合作制以及土地租赁制形式结成利益相关的共同体。这种共同出资形成的经济实体，有利于双方利益的协调，使茶厂和农户真正形成利益均沾、风险共担的关系。它也有利于龙头企业迅速凝聚生产力，扩大经营规模，增强产业整体实力。这种类型属于"厂商＋农户"组织模式的高级形式。

（二）"合作组织＋农户"的组织模式

为了克服市场带来的风险，农户成立自我服务的合作组织。这种合作组织主要是承担合作农户的生产整合功能和市场服务功能，满足农户从事专业化生产的经营，以便使农户获得更多的资本收益。这种合作组织又分为两类：一是"合作社＋农户"，指一些向合作组织转变的传统意义上的组织，如一些农民联营的茶产品加工、服务性实体等。二是茶农专业协会，具有技术经济协作的性质。

一般认为，"合作组织＋农户"组织模式有如下特点：①农户是分户经营基础上的合作，并且拥有独立财产权；②在流通、服务、加工领域进行合作；③农户有自由加入或者退出的权利；④自我服务和管理。

从整体上看，这种组织模式具有合作经济性质，为农户专业化生产提供产前、产中、产后的社会化服务。这种组织积累了一定的资本实力，形成了一定的组织力量，使得农户与厂商谈判的能力和抗风险能力有了显著的增强。但是，这种组织模式建立在农户自愿的基础之上，要使各方主体在信息不充分的条件下达到各方利益最大化的均衡，就要设置一套合理、有效的合作机制。

（三）"厂商＋合作组织＋农户"的组织模式

农户和合作组织之间构成了一种委托代理的关系，使得农户有了进行谈判的实体和资本。与此同时，茶厂为了节约用来监督农户生产的监督成本和违约成本，也迫切需要一定的组织来承担这样的职责，合作组织正好适应这样的角色和功能。其具体分工是：茶厂负责茶产品的加工、储藏、运输、销售以及技术服务，农户负责初级茶产品的生产，合作组织一方面对茶农生产活动进行统一部署和协调监督，另一方面负责代表农户和茶厂在交易过程中进行谈判，确保农户利益的实现。

（四）"专业市场＋农户"的组织模式

这种组织模式是指通过发展农产品交易市场，特别是专业批发市场，带动区域专业化生产和"产＋销"一体化经营。这种模式有利于农户直接根据市场需求组织生产，减少中间环节，有效地降低了农户专业化生产的市场交易费用、风险和不确定性，不仅帮助农户获取自主决策经营的权利，而且批发市场农户也不必受制于中间商，在地位平等的条件下交易，利益不会受到太大的损害。但是，这种组织模式在运用过程中没有完全意义上的实体组织机构，不可避免地会受到政府过多的行政干预。同时，由于专业市场和农户之间几乎没有实质性的契约关系，专业市场只是一个交易场所，而农户则是交易活动的主体。这种组织模式还受到资金短缺、市场基础建设滞后、信息覆盖面小、管理规范化程度低等因素的制约，农户仍然要承受自然和经济双重风险的压力，难以实施全方位的有效服务。

第三节　普洱茶厂销售型组织模式

　　以营销活动为中心的销售型普洱茶厂组织模式设计中,应在遵循茶叶市场规律的前提下做好三个方面的工作:一是要把茶厂的主要力量安排在直接从事营销活动的机构中;二是营销机构必须是主要的直线机构,由各层次的主要负责人直接领导指挥;三是在茶厂内部的协调关系中,其他部门的活动应该有利于营销活动的顺利进行,以保证营销目标的实现。

一、中国普洱茶市场

（一）中国普洱茶市场的现状特点

　　中国普洱茶市场的现状特点主要体现在以下几个方面。

　　1. 市场规模持续扩大

　　随着人民生活水平的提高以及对茶与健康的进一步认识,茶叶的消费量日益增加。随着消费者对健康饮食的关注度不断提高,普洱茶因其独特的口感和保健功能而受到越来越多消费者的喜爱。

　　2. 消费群体年轻化

　　普洱茶的消费群体逐渐呈现出年轻化的趋势。越来越多的年轻人开始关注普洱茶,学习泡茶技艺,享受品茶的乐趣。

　　3. 品质要求提高

　　随着消费者对普洱茶品质要求的提高,市场上的高品质普洱茶越来越受欢迎。消费者更加注重普洱茶的口感、产地、年份等因素,对于劣质普洱茶的容忍度越来越低。

　　4. 品牌化趋势明显

　　普洱茶市场品牌化趋势日益明显。知名品牌的普洱茶在市场上更具竞争力,消费者对于品牌的认可度也逐渐提高。一些企业开始注重品牌建设和营销推广，逐渐提升品牌的影响力。

5．线上销售渠道崛起

随着互联网的发展，线上销售渠道在普洱茶市场中的地位逐渐崛起。越来越多的消费者选择通过电商平台购买普洱茶，享受更为便捷的购物体验。同时，线上销售渠道也为普洱茶品牌提供了更广阔的市场空间。

6．产业链不断完善

普洱茶产业链不断完善，从种植、加工、销售到文化传承等各个环节都得到了有效的发展。一些地区开始注重普洱茶的产业化发展，通过建设普洱茶产业园、推广普洱茶文化等方式，推动普洱茶产业的持续发展。

（二）中国普洱茶市场的主要营销模式

中国普洱茶市场的主要营销模式包括以下几种。

1．传统实体店销售

这是普洱茶销售的主要方式之一，特别是在一些商业区、茶叶市场等地方，消费者可以直接品尝和购买普洱茶。

2．电商平台销售

随着互联网的发展，电商平台成为普洱茶销售的重要渠道。消费者可以在淘宝、京东等电商平台上浏览和购买普洱茶，享受便捷的购物体验。

3．品牌直销

普洱茶企业通过建立自己的品牌，提升了品牌知名度和美誉度，从而吸引了更多的消费者直接购买该品牌产品。品牌直销包括广告宣传、公关活动、赞助活动等多种方式。

4．差异化营销

普洱茶企业根据消费者的不同需求和偏好，推出不同口味、包装、价格的普洱茶产品，以满足消费者的个性化需求。

5．社交媒体营销

普洱茶企业利用社交媒体平台，如微信、微博等，发布产品信息、与消费者互动、开展促销活动等，以提高销售量和品牌知名度。

6．文化营销

普洱茶企业借助茶文化推广活动，如茶艺表演、茶文化节等，宣传普洱茶的文化内涵和品质特点，提升消费者对普洱茶的认同感和购买意愿。

二、普洱茶厂的销售组织模式构建

（一）区域型组织模式

这种结构按照行政区域划分销售区域，将销售人员派到不同地区，在该地区全权代表茶厂业务，进行销售业务活动，如图 2-6 所示。结合茶厂的实际营销需要，销售部的结构会因销售方式不同而有所不同。

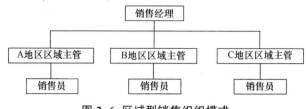

图 2-6 区域型销售组织模式

（二）顾客型组织模式

采用这种模式便于销售人员成为针对某类客户的销售专家，有利于提高服务质量，培养客户的忠诚度，有利于建立良好的战略伙伴关系，为新产品打开市场提供思路。顾客型组织模式设计时应考虑是否适用于按一定标准划分顾客，针对不同的顾客，安排不同的销售人员，提供不同的服务。例如，茶叶销售厂商可以根据消费者对茶类的喜好来组建自己的销售队伍，亦可以根据顾客的基本茶叶消费特征进行销售队伍组建。

（三）职能型组织模式

这种模式通常适用于规模比较大、实力比较强的茶厂，根据销售人员自身的特点，有意识地让一些销售人员成为某一类销售活动的专家，承担专业的销售职能。该模式是建立在职能细化的基础上，分工很明确，能减少渠道摩擦，有利于深入了解消费者的特定需要，还有利于培养销售专家。当然，职能型销售组织模式的费用较大，灵活性较差，在考核时责任不好界定。

（四）复合型组织模式

复合型组织模式即将以上几种销售组织模式依据组织业务拓展需要混合使用。

第四节　普洱茶厂的综合型发展及其组织创新

相较于中国当前茶叶市场的兴盛与发展，茶产业链不断延伸，以茶馆业、茶旅游等为代表的茶业第三产业成为茶业经济新兴发展契机，由此促进了综合型茶厂的涌现及新型茶厂组织模式的创新。

一、综合型普洱茶厂组织的主要构成

综合型普洱茶厂能够发展大产业链，其经营内容不仅包括茶叶种植、加工、流通和市场，还延伸到发展休闲茶园和观光茶园、开展茶文化节、发展茶文化旅游、制造茶叶工艺品、拓展生物技术在茶叶有效成分提取方面的应用等内容。综合型茶厂的产生和发育成型，是茶业"可持续发展能力"的表现。

从结构上看，综合型普洱茶厂组织大致可分为五个主要部分：行政管理层面、茶叶销售层面、茶叶生产层面、技术支持层面、资金管理层面。

其基本职能体现在以下几个层面。

（1）行政管理层是茶厂的"大脑"和"中枢"。其主要职责是：①负责茶厂的规划、决策、管理、监督、考核；②人员聘用与任免以及相关的人事管理；③公关与茶厂形象推广、相关社会活动；④有关融资、引资、福利、后勤、工会等工作，建设和形成茶厂精神和文化。

（2）茶叶销售层是茶厂的"龙头"。其主要职责是：①产品销售，是茶厂生存和资金流通的原动力；②市场开发新产品推广，是茶厂发展的原动力；③情报收集，提供给技术部门处理，是茶厂信息收集的主要渠道，也是领导决策的主要依据；④形象推广，用于配合行政管理部门，推广、树立茶厂的良好形象，逐步建立品牌效应，引领茶厂良性发展；⑤产品监测，用于监督生产环节，进一步保证出厂产品的质量；⑥库品管理，负责库存产品的保管和规划，是茶厂生产调度的主要依据；⑦用户服务，用于与生产部门、技术部门协作，做好售后服务、信息反馈，从而维护茶厂良好形象。

（3）茶叶生产层是茶厂的"核心"，其主要职责是：①设备采购、使用和管理；②原料采购、使用和管理；③生产组织、管理；④生产人员管理和考核；⑤生产成本管理、考核；⑥库品管理；⑦外协加工管理、检测；⑧产品检测、质量保证、数量清点。生产层的关注点是质量、效率、成本、安全和创新。

（4）技术支持层是茶厂的"发动机"，其主要职责是：①为生产和销售提供技术支持和保证；②情报搜集、分析、处理、解析；③技术创新、新产品开发生产过程和生产产品的质量监测；④人员技术培训。

（5）资金管理层是茶厂的"润滑剂"，其主要职责是：①常规财务工作；②资金使用的管理、监督、指导、考核、预警；③融资、引资；④生产经营成本的核算、考核。

二、普洱茶厂组织模式的变革与创新

（一）知识经济背景下茶厂组织模式创新的一般趋势

1. 权力结构：从高度集权向适度分权型的转变

从权力分配看，茶厂组织结构从传统的高度集权的直线制组织结构，发展为有一定程度分权但权力分配混乱的职能制组织结构，再发展为茶厂大规模时代的分权制的事业部制组织结构和分权制组织结构。分权制组织结构的优点在于可以降低集权化程度，弱化直线制组织结构的不利影响，提高下属部门管理者的责任心，促进权责的结合，提高组织的绩效，减少高层管理者的管理决策工作，提高高层管理者的管理效率。分权制组织结构的缺点是分权的程度以及分权后高层管理者的控制力不容易确定。

2. 层级结构：从金字塔型组织结构到扁平型组织结构

随着知识经济的到来，信息技术、通信技术、网络技术的发展为扁平化的发展提供了技术与方法的保证。由此，茶厂可以加快信息的收集、传递和处理速度，进而缩短了管理组织结构的高层与基层之间的信息传递距离，快捷而及时地处理与传输大量的复杂信息；特别是网络技术的发展，茶厂员工可以利用互联网络、局域网便捷地获得茶厂的各方面信息，而且各种应用软件使信息的收集、汇总与处理等工作走向自动化。此外，人员素质的提高保证了扁平型结构的良好运行。

3．职能结构：从实体型组织结构到虚拟化组织结构

知识经济时代，一切经济脉搏随计算机芯片处理速度加快而加快，一个茶厂的竞争力与效益不再取决于它的经营范围有多宽、生产规模有多大、职能有多全，而更多取决于其综合速度。谁能最快地发现顾客的需求与潜在的市场，谁就能最快地使用新技术，开发新产品，谁最能取悦客户，抢占市场，谁就能获得最大收益。因此，虚拟化组织结构成为茶厂组织结构的发展主流。而虚拟茶厂，其实是茶厂组织形式发展到一定程度出现的从茶厂内部组织形式向外延伸而成的一种新的柔性化组织形式。其有两种表现形式：第一，茶厂存在形态的虚拟化；第二，茶厂功能形态的虚拟化。

4．资源结构：从以物为中心到以人为中心的茶厂组织结构

在知识经济时代，人力资源的作用大大提高，在茶厂的生存发展中起重要的作用，因而现代茶厂组织设计强调的是"以人为本"，满足人的需求，使人的才能得以充分发挥。树立"以人为本"的现代组织设计理念，把人力资源视为茶厂最宝贵的资源，首先在主次关系上把人的开发、利用和培训视为管理的重心，不仅把人看作管理的对象，而且把人当作管理的主体。其次从地位上把人力资源管理者纳入决策层，鼓励全体成员参与管理。最后，建立促进个人发展的教育培训机制，加大教育投入，充分挖掘现有潜力，不断提高茶厂员工人力资本的存量和综合素质。

（二）茶厂新型组织模式发展

1．连锁经营管理

所谓连锁经营管理，是指在流通领域中，若干同业商店以统一的店名、统一的标志、统一的经营方式、统一的管理手段连接起来，共同进货、分散销售，共享规模效益的一种现代组织形式和经营方式。连锁店可分为直营连锁（由企业总部直接投资和经营管理）和特许加盟连锁（通过特许经营方式组成的连锁体系）。后者是连锁经营的高级形式。

（1）茶厂连锁经营管理要诀

①标准化。连锁经营的标准化，主要表现在商品服务的标准化和茶厂整体形象的标准化。它的前提是单店标准化。个性化的门店会造成事实上的单店经

营，难以实现真正意义上的连锁管理，同时必然带来扩张和管理上的困难，这与通过连锁经营实现快速扩张和规模效益的目标是背道而驰的。在这方面，虽然茶产品因种植环境、采摘、制作等的不同而难以形成标准化的口味，但可在茶叶产品功能、外观形象和品牌形象方面进行标准化处理。

②专业化。专业化是茶叶品牌成功拓展市场的保证。茶叶店总部的职责就是协助、辅导和监督单店很好地沿着既定的经营方略去经营；加盟店的职责就是按照总部既定的经营方略和其他规范不折不扣地落实下去。总部和加盟店的专业化有利于经营和管理成本的降低，有利于简单化和标准化的进一步落实，更有利于茶叶品牌的推广和行业影响力的提升。总部还要适当地支持加盟店的创新服务，如果总部先前确定的标准化服务得不到及时改进，可能严重危及企业的竞争利益，并人为阻碍潜在加盟者的加盟。

③简单化。即将作业流程尽可能地"化繁为简"，减少经验因素对经营的影响。连锁经营扩张讲究的是全盘复制，不能因为门店数量的增加而出现紊乱。连锁系统整体庞大而复杂，必须将财务、货源供求、物流、信息管理等各个子系统简明化，去掉不必要的环节和内容，以提高效率，使"人人会做，人人能做"。为此，要制定出简明扼要的操作手册，职工按手册操作，各司其职，各尽其责。茶叶店的经营操作技术简单化，店员经过总部的一系列培训，基本都能掌握相关的营业技巧，新进人员经过短期培训能够快速上岗。

（2）特许经营

特许经营是指特许者将自己所拥有的商标（包括服务商标）、商号、产品、专利和专有技术、经营模式等以特许经营合同的形式授予被特许者使用，被特许者按合同规定，在特许者统一的业务模式下从事经营活动，并向特许者支付相应的费用。作为一种商业经营模式，特许经营总部（特许者）负责经营战略规划、商品服务开发等，可以为加盟店（被特许者）提供整套经营技术，并通过培训以及不间断的意见、调查和发展计划以及统一采购配送和广告宣传来帮助加盟店获得更大的收益。而加盟店则可以用较少的投资在短时间内获得经营诀窍，并把精力集中放在经营管理、顾客服务上。

2. 茶叶电子商务

所谓茶叶电子商务，即指实现整个茶叶贸易活动的电子化。具体而言，就是指在网络信息技术的基础上，买卖双方不见面即可完成茶叶销售、购买和电子支付等业务流程。从实践来看，主要有三种不同类型的茶厂电子商务组织架构，包括生产型、贸易型、网商型三种企业。前两种和第三种茶厂的区别在于，前两种的货品由茶厂内部生产或者代理，而贸易型的茶厂需要另外去订货，所以在电子商务的业务中会增加采购部。另外，对于非网商型的茶厂，相对于电子商务部来说其他都是协作部门，对于网商型的茶厂来说其分为管理类部门和业务部门。

当前中国茶厂在茶叶电子商务开发方面的主要做法是由部分有条件的品牌厂商专门开发适用于网购的茶叶产品，或者引入微博等网络手段展开营销。例如，作为第三届"金网奖"暨2011亚太网络营销高峰论坛唯一指定茶礼品战略合作伙伴的福建裕园茶业，2011年首次尝试茶企与电子商务高峰论坛的强强合作，拓展新的渠道，开通官方网站、网上商城，通过电子商务平台出售各类茶叶产品和茶食品。

茶叶电子商务的异军突起，不仅会改变传统内销的格局，更值得期待的是，对传统的茶叶出口行业将带来革命性的变革。电子商务不但省去了不断高涨的实体店面成本和现场服务成本，从茶农、茶厂、茶商的自营垂直电子商务到各具特色的茶叶类电子商务平台，皆在积极寻求茶叶流通和销售的渠道突破。尽管现在很多出口茶厂还没有注意到这种网络销售将会改变传统出口的交易模式。无论是B2B（Business to Business，企业和企业）还是B2C（Business to Customer，企业和消费者）的网上交易方式，在不久的将来也一定会迎来世界茶叶消费者"淘宝"式的选择。

总体而言，茶叶电子商务的发展既有利于茶叶在全球市场的拓展，又有利于现代营销手段的实施和提升茶商市场竞争力，还有利于推动茶叶信息化和农村信息化的发展。在当前经济发展情势下，还需要从以下几个方面进行完善与优化：

（1）健全网上支付安全体系。主要包括：第一，推动立法保证。茶叶电子商务的交易过程涉及茶厂、茶叶消费者、银行管理者和网络经营者等诸多方面，其中任何一个环节出现问题，都可能引发纠纷或者混乱，这就需要有相关的法律法规来规范和约束。第二，增加技术支持。为了提高消费者在网上购买茶叶的意愿，茶商应提供相应的技术支持，降低茶叶消费者的购买风险。第三，完善第三方交易平台。为了降低购买风险，消费者一般不直接在生产厂家的网站上购买茶叶，而是通过第三方平台来购买。针对越来越大的网络消费群体，应该建立更加健全的网络第三方销售平台，以顺应消费需求。

（2）构建茶商信用体系。主要是健全茶商信用评价机制。信用评价包括管理部门的信用评价和消费者的信用评价两部分，选择资信度高的第三方为交易保障机构，建立茶商信用数据库。

（3）完善茶商服务体系。具体包括：提供优质高效的物流配送，制定周到快捷的退换货机制，实施灵活方便的付款方式。

第三章 普洱茶厂战略设计

战略设计是现代公司进行战略管理的重要方式。它要求突破公司自身能力的限制，用长远的眼光进行思考与规划，甚至借助于外界来发展自己。作为公司发展的主线与灵魂，战略起到了明确公司在竞争中所处的地位、指明公司经营方向、促进公司应对威胁与挑战、激励公司不断前进的作用。

第一节 普洱茶厂战略环境分析

茶厂经营环境的范畴包括一切对茶厂生产经营活动及其生存发展发生影响，而茶厂又无法控制的各种客观因素的总体。茶厂的战略环境分析就是要分析外部环境中蕴含的机遇和威胁，结合茶厂自身的优势和劣势，提出可选的战略方案，再通过评价比较，最终选择出最佳战略的过程。

一、普洱茶厂外部环境分析

外部环境包含政治、法律、经济、技术、社会、文化、生态等方面，对外部环境的准确分析不仅可以确认和评价各因素对茶厂战略设计的影响，而且对茶厂未来的总体目标制定和发展方向规划起到了重要的指导性作用。

（一）政治法律环境分析

政治法律环境是指对茶厂的经营活动具有现存或潜在影响的政治力量，包括一个国家或地区的政治体制、制度、形势、方针政策、法律法规等方面。对政治法律环境的分析主要要求茶厂能够明晰市场中各项法律法规要求，用好法律武器维护自身的合法权益，并能够利用相关扶持政策，抓住茶厂发展的良好机遇。

进行政治法律环境分析，一方面有利于茶厂的公平有序竞争，减少茶厂经营中的纠纷；另一方面能助力茶厂发展，比如2006年停止征收农业特产税的政策，便有力地提升了我国茶叶出口成本的竞争力。如果茶厂能够有效运用政治法律环境分析，便能充分利用这一有利条件，促进茶厂的国际化发展。又如拒绝商品过度包装、改变营销理念也成为茶厂必须关注的导向，应适当调整产品结构，在加强质量把控、提升品牌附加值等方面下功夫，生产出老百姓消费得起的好茶。

（二）经济环境分析

经济环境是指国民经济发展的总概况，包括国际和国内经济形势及经济发展趋势、茶厂所面临的产业环境和竞争环境等。对经济环境的分析主要使茶厂能够把握整个国民经济的总体概况，明确自身竞争力，实施有针对性的发展规划。例如，近几年我国经济有着突飞猛进的发展，饮茶作为一种健康、时尚的休闲方式，具有良好的发展前景。普洱茶厂如果能够准确把握这一经济环境导向，把握有利的市场契机，就能获得可观的利润与广阔的产业升级空间。此外，随着绿色消费风潮的兴起以及人们对茶叶功能的新认识，中国茶叶越来越受到国内外消费者的青睐，茶厂商机巨大。

1. 国内茶行业环境

当前，我国普洱茶产业正迎来一个积极向上的发展时期。由于消费者对健康饮食的日益关注，普洱茶，这种既拥有独特口感又具备保健功效的饮品，正逐渐赢得更多消费者的欢迎。此外，普洱茶所承载的深厚文化价值也获得了更广泛的社会认可，这无疑为整个行业的繁荣注入了新的动力。

（1）在产业方面，普洱茶的原产地主要集中在云南省的西南部地区，这些地区具有得天独厚的自然条件和丰富的茶叶资源，为普洱茶的生产提供了优质的原料基础。近年来，云南省等地也加大了对普洱茶产业的支持力度，制定了一系列政策和标准，促进了茶叶种植面积的扩大和茶叶质量的提升。

（2）在市场方面，普洱茶市场的规模在不断扩大。随着消费群体的年轻化和品牌化趋势的日益明显，普洱茶市场呈现出更加多元化和个性化的需求。同时，线上销售渠道的崛起也为普洱茶市场的发展提供了新的机遇。此外，普洱茶行业还面临着国内外市场竞争的加剧和消费者口味变化等挑战，需要不断创新和调整市场策略以适应市场的发展和竞争。

（3）在品质和品牌建设方面，普洱茶厂越来越注重产品的品质和品牌建设。可以通过提高产品品质和加强品牌建设，提升产品的附加值和市场竞争力，从而获得更多的市场份额和更高的消费者认可度。

2．国际茶市场发展环境

现对国际普洱茶市场发展环境分析如下：

（1）国际市场需求增长。随着全球范围内消费者对健康饮食意识的日益加强，普洱茶以其独特的风味和保健效果逐渐受到更多国际消费者的青睐。特别是在某些发达国家，由于民众对健康饮食的追求更为迫切，对普洱茶的需求也呈现出更加旺盛的态势。这种趋势为普洱茶在国际市场上的进一步拓展提供了巨大的潜力。

（2）国际贸易壁垒与标准限制。普洱茶在出口过程中可能面临一些国际贸易壁垒和标准限制。例如，一些进口国可能对茶叶的农残、重金属等有害物质含量设定严格的限制标准，对普洱茶的出口造成一定的影响。此外，一些国家可能还存在关税、配额等贸易壁垒，限制了普洱茶的出口量和市场份额。

（3）文化推广与品牌建设。普洱茶作为中国传统文化的重要组成部分，其国际市场的推广与品牌建设至关重要。通过加强普洱茶文化的国际传播，提升普洱茶品牌的知名度和美誉度，可以进一步拓展国际市场，提高普洱茶的竞争力和附加值。

（4）国际竞争与合作。在国际普洱茶市场中，各国茶叶企业之间的竞争日益激烈。为了提高竞争力和市场份额，普洱茶企业需要不断创新和优化产品结构，提高产品质量和附加值。同时，加强国际合作与交流，学习借鉴国际先进经验和技术，推动普洱茶产业的持续发展。

（三）社会文化环境分析

社会文化环境是指民族特征、文化传统、价值观、宗教信仰、教育水平、社会结构、风俗习惯等情况不同的国家和地区有着不同的文化传统，也有着不同的亚文化群、社会习俗和道德观念，从而影响人们的消费方式和购买偏好，进而影响着茶厂的经营方式。这就要求茶厂能够通过了解行为准则、社会习俗、道德标准来进行特定市场的社会文化环境分析，并进行有针对性的应对。尤其依据茶业经济特性，以茶文化带动茶厂发展是必然的形势。

对于茶厂而言，进行社会文化环境分析可以通过划分社会群体来准确地帮助判断和测定消费者的购买意向和购买行为。例如，可将茶叶的消费群体归为五大类，即礼品消费者、家用消费者、团体消费者、收藏消费者、服务性场所消费者。礼品消费者会首选各大茶类的高档名茶，一般要求包装精美、质量优异、品牌知名度高；家用消费者一般更注重茶叶的滋味口感，对外形和包装要求不高；团体消费者一般会选购有一定知名度、质量好、价格适中的名优茶作为办公用茶；收藏消费者主要选购可以长期保存的茶类，如普洱茶等高档黑茶等；专业场所如茶馆茶楼一般会备有多种不同档次的茶叶，在这些场所消费的主要是商务人士及年轻时尚类人士，他们较注重环境和氛围，消费茶品的随意性较大。针对不同的消费群体制订相应的市场规划，并制订有针对性的生产销售方案，有利于茶厂的快速稳定发展。

（四）技术环境分析

技术因素是影响茶厂经营宏观因素中最为活跃的因素。目前，茶叶各方面的技术得到了突飞猛进的发展。就茶叶栽培而言，茶园生物防控新技术的推广、茶树温室种植的应用等促进了茶叶产量的提升和茶叶品质的改善；就产品开发而言，不仅推出了袋泡茶、茶饮料等新型茶叶饮品，而且依靠分离技术开发出的茶多酚、儿茶素、茶色素、茶皂素等制品正在食品、医药及化工行业中逐渐被广泛应用；此外，茶叶剪采技术、茶叶保鲜技术等相关技术均有长足发展。然而，目前中国很多茶厂对于技术创新的认识不够，仍将茶业视为传统种植业，没有认识到技术发展对于茶厂的重大现实意义。因此，中国茶厂必须改变观念，调整重心，注重技术因素在茶叶经营中的作用发挥。

（五）自然环境分析

自然环境是指能够影响茶厂生产过程的自然因素。茶叶作为农业种植业的一部分，自然环境因素对其产量和品质有着极大的影响。我国的茶叶命名多凸显地方特色，反映该茶叶的自然地理特性。如何在经营过程中利用这种地理特性是我国茶厂需要考虑的一个重要问题。

当前，加快茶叶的无公害生产和消费是保护农业生态环境、满足人们的消费需求、巩固和开拓国际市场、实现茶业可持续发展的需要。这就要求茶厂积极、稳妥地对有机茶、绿色食品茶、无公害茶进行开发，增加科技投入，带动全面使用有机肥、病虫害生物防治的无公害生产技术，全面降低茶叶中农药残留，推广有机和无公害生产技术，提高生产者的技术水平和管理水平，改善茶园生态状况，促进茶业可持续发展。

二、普洱茶厂内部环境分析

普洱茶厂内部环境是指茶厂能够加以控制的内部因素，是茶厂经营的基础，也是战略管理的出发点、依据和条件。茶厂内部环境一般包括管理者、组织结构、内部资源、企业文化等。

（一）普洱茶厂组织结构分析

普洱茶厂组织结构是指茶厂内部的人员、职位、职责、关系、信息五大要素的相互联结方式，也就是茶厂内部通过分配人物角色、处理人际关系以满足实现茶厂使命与目标要求的正式结构。这五大要素是构建茶厂的基本构件。

（二）普洱茶厂文化分析

普洱茶厂文化是在一定的社会历史条件下，茶厂生产经营和管理活动中所创造的具有该茶厂特色的精神财富和物质形态。它包括文化观念、价值观念、企业精神、道德规范、行为准则、历史传统、茶厂制度、文化环境、茶厂产品等。茶厂文化是在茶厂的发展过程中形成的，反过来又影响茶厂的发展。在茶厂内部它具有规范、激励、约束、凝聚和导向的作用，在茶厂外部它具有传播、吸引、暗示、辐射及品牌推广的效应。进行茶厂文化分析要求茶厂了解这种特定的组织氛围和价值取向，注重并有意识地引导茶厂文化建设，借助茶厂文化力量，调动茶厂成员作用，进而顺利实现茶厂成功发展。就中国茶厂的文化建设的普遍情况而言，因根植于中国传统茶文化的深厚内涵与文化底蕴而别具特色。但由于当前国内茶叶厂商的恶性竞争以及国际茶叶市场变化的冲击，使得中国茶厂出现了降价降质、以次充好、欺骗消费者等现象。因此，适应市场经济要求构建中国茶厂的优良文化，做到货真价实、保质保量、信誉为先，对于重塑良好的形象，恢复和保持中国茶叶的市场信誉有着至关重要的意义。

（三）普洱茶厂内部资源分析

茶厂资源是指茶厂在向社会提供产品或服务的过程中所拥有、控制或可以利用的、能够帮助实现茶厂经营目标的各种生产要素的集合，包括人力资源、财力资源、信息资源、技术资源、管理资源、可控市场资源等。对茶厂战略管理中的资源分析，一是要对茶厂现有资源的状况和变化趋势进行分析，二是要对战略期中应增加哪些资源进行预测。

目前，我国茶厂虽发展势头迅猛，但仍存在很多问题。茶叶的先天地域化分割严重和各茶叶品牌缺乏有效的整合制约了茶厂的市场拓展；我国茶业市场信息不对称性问题较为突出，一定程度上促成了定价的随意性和模糊性，使得茶业形成了小、散、乱的格局；我国茶业发展大都缺乏综合实力，茶品多集中于传统的茶饮，很难适应未来消费者多变的需求，发展潜力低下。因此，充分挖掘各项资源并善加利用，构筑产业竞争优势是目前中国茶厂发展的一个关键性问题。

三、SWOT 战略分析工具的应用

SWOT 分析方法是一种根据茶厂自身的既定内在条件进行分析，找出茶厂的优势、劣势及核心竞争力之所在的茶厂战略分析方法。其中，战略内部因素（"能够做的"）：S 代表 Strength（优势），W 代表 Weakness（弱势）；外部因素（"可能做的"）：O 代表 Opportunity（机会），T 代表 Threat（威胁）。在战略分析中，SWOT 分析法是最常用的方法之一。进行 SWOT 分析时，主要有以下几个方面的内容。

（一）分析环境因素

运用各种调查研究方法，分析公司所处的各种环境因素，即外部环境因素和内部环境因素。外部环境因素包括机会因素和威胁因素，它们是外部环境对公司的发展有直接影响的有利和不利因素，属于客观因素。内部环境因素包括优势因素和弱势因素，它们是公司在其发展中自身存在的积极和消极因素，属主动因素。在调查分析这些因素时，不仅要考虑到历史与现状，而且更要考虑未来发展问题。

（二）构造 SWOT 矩阵

将调查得出的各种因素根据轻重缓急或影响程度等排序方式，构造 SWOT矩阵。在此过程中，将那些对公司发展有直接的、重要的、大量的、迫切的、久远的影响因素优先排列出来，而将那些间接的、次要的、少许的、短暂的影响因素排列在后面。

（三）制订战略行动计划

在完成环境因素分析和 SWOT 矩阵的构造后，便可以制订出相应的战略行动计划。制订战略行动计划的基本思路是：发挥优势因素，克服弱势因素，利用机会因素，化解威胁因素；考虑过去，立足当前，着眼未来。运用系统分析的综合分析方法，将排列与考虑的各种环境因素相互匹配起来加以组合，得出一系列公司未来发展的可选择对策。

第二节　普洱茶厂战略设计与选择

战略设计是茶厂的最高管理层通过规划茶厂的任务、目标及业务组合，使茶厂的资源和能力同不断变化着的市场营销环境之间保持和加强战略适应性的过程。而普洱茶厂战略选择则关系到茶厂运营的可持续性及绩效性，是茶厂获得市场竞争优势的根本保证。

一、普洱茶厂战略方案设计

茶业是我国农业产业化的重要组成部分，随着近几年来国家政策的支持，茶农发展茶叶生产的积极性高涨，中国茶产业保持了持续快速的发展势头。从产品结构来看，名优茶、大宗茶产品全面走向内销和外销市场，并出现了多种茶叶精加工、深加工产品等一系列产品；从市场结构来看，国内及国际市场茶叶消费前景良好，市场竞争力大大提升。但同时，我国茶厂仍存在产业组织化程度低、经营保守、管理落后和技术力量不足等问题。因此，中国茶厂在进行战略设计时，必须注重将自身实际与市场情势结合起来，尤其应关注以下战略思路。

（一）产品开发战略

在市场经济背景下，普洱茶厂应该重视发展产品开发战略，改变产品结构单一的现有局面。一方面，可以针对不同的市场特质，打造不同品质、包装及价位的普洱茶产品，比如加强高档茶的出口，以低档茶占领市场份额等；另一方面，应重视产品种类的拓展，以适应不同消费群体的需求。此外，还需要加强茶叶深加工技术的发展，以提升普洱茶厂整体的产品结构，实现科技化、多元化、规模化及产业化的发展。

（二）质量战略

加强品质保证是确保客户满意度、提升我国茶叶国际市场地位的重要举措。普洱茶厂应加强茶叶标准规范和质量体系的建设：从茶园管理、原料供给、茶叶加工、包装储运等方面，实现茶叶生产的全程标准化；根据普洱茶产品定位及特点，申报无公害茶、绿色食品或有机茶等相关质量认证，办理卫生许可证、出口茶叶卫生注册等；建立 HACCP 质量安全体系，实施 ISO 9000 质量体系及 QS 安全认证等；同时依据茶叶产品本身的独特性，企业可结合自身情况，采用清洁生产技术。

（三）品牌战略

品牌运营是中国茶厂完成产业提升的必由之路，普洱茶厂应根据自身的发展战略、产品质量特性及市场营销需求，进行科学、明晰的品牌定位，使茶厂品牌与茶厂文化协调发展，并不断通过不同的营销方式加强对产品的宣传。以包装为例，普洱茶叶的包装必须立足茶叶的传统文化内涵，同时应符合现代消费理念，不断推出具有鲜明特色、符合时代潮流、适合市场需求的包装；同时还应该注重包装的规范性，重视与国际包装管理接轨，在选材、款式、规格、图文、标示等方面须符合进口国的法律规定、文化特点及消费习惯，为中国茶叶走向国际市场打下坚实的基础。

（四）销售渠道战略

销售渠道战略是整个营销系统的重要组成部分，它对降低茶厂成本和提高茶厂竞争力具有重要意义，也是茶厂是否能够成功开拓市场、实现销售及经营目标的重要手段。就我国的茶业发展现状而言，很多茶厂仍然仅限于传统的营销渠道，如超市、茶叶专营店等，在新营销渠道拓展方面仍有所欠缺。当前很多新的营销渠道能够有效地占领市场先机，如网络营销，即借助于互联网络、电脑通信技术和数字交互式媒体来实现营销目标的一种营销方式。茶厂可以在传统的茶店经营渠道以外，多关注茶叶互联网销售渠道的建立，这将是茶厂未来重要的销售增长点。

（五）价格战略

价格战略是指以茶厂总体战略和效益目标为依据，为实现占领目标市场的要求而对茶厂产品价格目标、价格水平、价格手段等作出的谋划与方略。对于茶厂而言，价格因素直接影响着商品茶的市场竞争力、市场份额与经济效益。高端产品（名茶）的价位是产品形象和质量档次的象征，销售途径及消费群体相对固定，礼品馈赠比例很大，应保持名茶的珍贵地位；中低端产品（大宗茶）属于大众化消费品，价格弹性大，应坚持薄利多销、数量为主的定价原则，追求批量化的规模效应。建议加强对我国茶叶品质及相应价格的管理，健全市场体制，出台统一标准的考核措施，以保证市场竞争的公平合理。

（六）人才战略

人才是茶厂的生命之源。目前对于普洱茶厂而言，茶叶生产人才、营销人才、策划人才、管理人才、科研人才等人才的培养，是茶厂发展的动力，也是茶厂的核心竞争力，甚至关系到整个茶产业的发展壮大。我国茶产业的当务之急是必须建立一支高素质的茶产业、茶文化人才队伍。一方面，茶厂应重视人才引进，吸引掌握坚实基础理论和系统专业知识、具有严谨求实科学态度和作风、能独立开展茶学的应用基础理论研究和应用技术研究、能胜任茶学技术推广工作和管理工作的高端人才加入；另一方面，茶厂要进行系统人才培育，构建完善的人才培养模式，定期对旗下员工进行商品、零售、品牌等模块的培训。此外，还可以加大与相关研究机构与科研院校的合作，建立创新研究中心，整合科研教学资源，开展系列茶叶新产品的研发。

二、普洱茶厂战略选择的影响因素

在普洱茶厂战略决策的过程中，决策者在经过综合评价后，经常面临多个各具优缺点的可行战略方案，此时影响茶厂战略选择的因素可以从以下几个方面考虑。

（一）现行战略的继承性

普洱茶厂战略的评价往往要基于对过去战略的回顾和对现行战略有效性的审视，由于对现行战略已经投入了相当可观的时间、精力和资源，因此对决策的选择有着深远的影响。这种对现行策略继承性的关注有其优点，即便于策略的实施。但如果在现行战略有重大缺陷时却延续不改，则会埋下重大的隐患。对于茶厂而言，茶叶种植管理模式的构建往往是基于自然环境特点、历史发展背景等因素延续发展下来的，具有明显的区域特性，可分为个体或家庭茶叶种植园、合伙制茶叶种植园、公司制茶叶种植园等。而在现代茶业发展进程中，应充分保留原有模式的适应性，不能一味追求经济利益而盲目更改种植规模、种植品种等。

（二）外部环境的依赖性

全局性战略意味着茶厂在更大的外部环境中所采取的决策行为，公司必然要面对所有的供应商、顾客、政府及其联盟等外部因素，这些环境因素从外部制约着茶厂的战略选择。茶厂对外部环境的依赖性越大，它的战略选择余地和灵活性就越小。比如，一家茶厂的原料供应来自某地的茶园，则在茶厂的经营战略规划中，必须将该茶园的供应能力、收购价格变化、原料质量检测等方面纳入考虑，在此基础上进行交通运输、制作工艺等其他战略规划，并制定相应的应急措施。

（三）茶厂内部的主观性

许多实例说明，茶厂的战略选择更多的是由权利来决定，而非完全依靠理性分析。在大多数组织中，最高负责人拥有权力，在战略选择中他们的态度对战略选择影响极大。还有另一种权力来源——联盟，在大型组织中，在下属单位中个人（特别是主要管理人员）往往因利益关系而结成联盟，以加强他们在主要战略问题上的决策地位，往往是茶厂中最有利的联盟对战略选择起决定的作用。在决策的各个阶段都有相应的政治行为在施加影响，这是不可避免的，应将其纳入战略管理之中，是组织协调的必要机制。

（四）时间因素的导向性

时间因素主要从以下几个方面影响战略的选择：第一，时限制约。有些战略决策在外部时间紧迫的情况下，管理部门往往来不及进行充分的分析评价而不得已选择防御性的战略。第二，时机把握。好的战略如果实施时机不当，可能带来灾难性后果。第三，时间控制。战略选择所需超前时间同管理部门考虑中的前景时间是相关联的，茶厂着眼于长远的前景，战略选择的超前时间就长。

（五）竞争对手的应对性

茶厂在做出战略选择时，需要全面考虑竞争者将会对不同战略做出怎样的反应，比如若选择的是直接向竞争对手挑战的进攻性战略，该对手很可能用反攻性战略进行反击。因此，茶厂高层管理人员在选择战略时，必须考虑到竞争者的应对反应、反击能力以及他们对战略成功可能产生的影响，并就此做出有针对性的战略规划。

总之，要想选择出符合自身发展的战略目标，就要充分研究分析茶厂的内部条件和外部环境，对茶厂的资源做出有效配置，最大限度地利用茶厂的资源，并不断地根据形势的变化调整或修改已选定的战略。

第三节　普洱茶厂战略实施与变革

普洱茶厂要在市场的竞争中谋求生存和发展，必须要面对的问题除了选择适当的战略达到既定的目标外，如何合理有效地布局与实施战略计划也非常关键。

一、普洱茶厂战略实施

（一）普洱茶厂战略实施的阶段划分

普洱茶厂战略实施是为了达到茶厂的战略目标而对战略进行有规划地执行。这是一个动态的管理过程，要经历战略发动、战略计划、战略运作、战略控制与评估四个阶段。

1. 战略发动阶段

调动起大多数员工实现新战略的积极主动性，通过对茶厂管理人员和员工的培训，灌输新的观念，大多数人能够逐步接受一种新的战略并愿意为之努力奋斗。

2. 战略计划阶段

任何工作都需要有计划地完成，在战略实施的过程中也应当如此。可将经营战略分解为几个阶段，制定分阶段的目标，相应地有每个阶段的政策措施、部门策略以及方针等，并且要对各分阶段目标进行系统地规划和安排。

3. 战略运作阶段

该阶段应主要关注下面六项因素，即各级领导人员的素质和价值观念、普洱茶厂的组织结构、普洱茶厂文化、资源结构与分配、信息沟通、控制及激励制度。通过这六项因素使战略真正进入茶厂的日常生产经营活动中，成为制度化的工作内容。

4. 战略控制与评估阶段

战略实施的环境是动态的，也就意味着战略计划随时需要根据外部环境进行调整。普洱茶厂必须加强在战略执行过程中的监控以及评价，不断调整和适应外部环境，达成战略目标。这一阶段主要是建立控制系统、监控绩效和评估偏差、控制及纠正偏差三个方面。

（二）普洱茶厂战略实施的模式

1. 指挥型

在指挥型模式中，普洱茶厂管理人员运用严密的逻辑分析方法重点考虑战略制定问题。高层管理人员或者自己制定战略，或者指示战略计划人员去决定茶厂所要采取的战略行动。一旦茶厂制定出满意的战略，高层管理人员便让下层管理人员去执行战略，而自己并不介入战略实施的问题。其优点是，在原有战略或常规战略变化的条件下，茶厂实施战略时不需要有较大的变化，效果较明显。缺陷是不利于调动茶厂职工的积极性，员工常处于一种被动执行的状态。

2．变革型

普洱茶厂高层管理人员重点研究如何在茶厂内实施战略。他的角色是为有效地实施战略而设计适当的行政管理系统。为此，高层管理人员本人或在其他各方面的帮助下，进行一系列变革，如建立新的组织结构、新的信息系统、兼并或合并经营范围等，以增加战略成功的机会。该模式的优点是从茶厂行为角度出发考虑战略实施问题，可以实施较为困难的战略。但是，这种模式也有它的局限性，只能应用于稳定行业中的小型茶厂。如果茶厂环境变化过快，茶厂来不及改变自己内部的状况，这种模式便发挥不出作用。同时，这种模式是自上而下地实施战略，不利于调动职工的积极性。

3．合作型

负责制定战略的高层管理人员启发其他的管理人员运用头脑风暴法去考虑战略制定与实施的问题。管理人员仍可以充分发表自己的意见，提出各种不同的方案。这时，高层管理人员的角色是一个协调员，确保其他管理人员提出的所有好的想法都能够得到充分的讨论和调查研究。此模式的优点是可以克服指挥型和变革型两个模式的不足之处。其缺陷有三：一是在这种模式下决定的战略实施方案会过于平稳，缺乏由个人或计划人员提出的方案中所具有的创造性；二是在战略实施方案的讨论过程中，可能会由于某些职能部门善于表述自己的意见，而导致战略实施方案带有一定的倾向性；三是战略实施方案的讨论时间可能会过长，以致错过了茶厂面对的战略机会，不能对正在变化的环境迅速采取战略行动。

4．文化型

普洱茶厂高层管理人员的角色就是指引总的方向，而在战略执行上则放手让每个人做出自己的决策。文化型模式扩大了合作型合作的范围，将茶厂基层的职工也包括进来。在文化型模式中，负责战略制定与实施的高层管理人员首先提出自己对茶厂使命的看法，然后鼓励茶厂职工根据茶厂使命去设计自己的工作活动，使管理人员和职工有共同的道德规范和价值观念。这种文化型模式打破了战略制定和实施中存在的只想不做与只做不想之间的障碍，每个茶厂都或多或少地涉及战略的制定与实施。但这种模式也有局限性，对职工素养有较高的要求，否则很难使茶厂战略获得成功。同时，普洱茶厂一旦形成自己的文化特色，就很难接受外界的新事物。

5. 增长型

为了使普洱茶厂获得更好的增长，茶厂高层管理人员鼓励中下层管理人员制定与实施自己的战略。这种模式与其他模式的不同之处在于它不是自上而下地灌输茶厂战略，而是由下至上地提出战略。在大型的多种经营茶厂里，这种模式比较适用。高层管理人员不可能真正了解每个部门所面临的战略问题和作业问题，不如放权给各部门，以保证成功地实施战略。这种模式的优点是给中层管理人员一定的自主权，鼓励他们制定有效的战略，并使他们有机会按照自己的计划实施战略。同时，由于中下层管理人员和职工有直接面对战略的机会，可以及时地把握时机，自行调解并顺利执行战略。

二、普洱茶厂战略变革

尽管近年来我国茶产业取得了长足发展，但是，目前茶叶生产和出口依然面临着一些亟须解决的问题。中国茶厂要赢得持续的生命力，关键在于适应新的市场发展需要，进行战略发展思路变革，重新考量企业的成长路径。

（一）积极推进中国茶叶产业化发展

茶叶产业化是以市场为导向，以茶叶为龙头，以客户为基础，以公司或合作经济组织、科技协会、专业市场等适合当地的多种形式，把分散的个体茶农组织为农工贸一体化的联合组织。其实质是以企业、公司、专业协会等组织为中介，将茶农与市场连接在一起，形成"市场＋中介组织＋茶农"的模式。当前的中国茶叶市场，依旧没有脱离传统的以技术、产品、市场、经营方式为主线的模式，生产、供应、销售三个环节脱节现象严重，行业自治情况较差，利益联结机制构建不完善，产业效率低下。农工贸一体化的茶叶产业化模式可以有效地扩大茶业的资金来源，使茶叶增值，提高茶叶科技含量，在茶农和市场间构建桥梁，提高茶业经济效益和竞争力，促使茶业不断自我发展。

（二）实现经营主体多元化和企业规模化

我国的茶叶经营应积极促进经营主体多元，不断深化改革，对有生产条件的茶厂、科研单位等经济实体，应继续给予对外经营权，调动茶业与其他相关行业参与外贸活动的积极性。而对于目前还存在着的国有茶叶外贸企业这类小规模、小范围经营的茶厂，以市场为导向，以资本为纽带进行资产重组，组建集团公司，使其在市场竞争力上进一步加强，从而发挥优势互补的特点，适度经营，降低成本，实现茶叶出口市场统一、渠道统一、加工统一、销售统一的经营模式，并在此基础上开发研制新的产品，拓宽销售范围。

（三）迎合现代市场需求变化，实现茶叶商品系列化

随着时代的发展、文化的不断多元化、消费者要求的不断提高，必须在传统茶产品的基础上开发出新的相关茶叶产品，以迎合大众的需求。目前，袋泡茶、速溶茶、茶饮料等含有较高科技含量的产品在市场中所占份额不断提高。中国茶厂的产品开发潜力巨大，从实践中看，除了传统茶产品之外，可开发冲泡茶、保健茶等产品，形成产品系列化，拓宽销售渠道，拓展面向人群的范围。茶叶作为极具内涵张力的农产品，本身即具有满足不同需求的可能，茶品特种功能的开发与深入利用、与其他相关养生产品功能的有效结合开发与利用等，是各种茶类发展自己、满足消费者消费需求的重要路径。进一步开发茶的特殊功能，强化茶叶在时尚、健康、养生等领域的产品开发，用技术创新促进茶产业发展，在做大做强茶叶市场的同时，促进茶叶企业的发展。

（四）实施品牌战略，打造现代茶业发展模式

茶业经济已进入品牌时代。茶厂的品牌建设，一方面，可利用区域公用品牌实现自身的提升。包括借助区域公用品牌为自身背书，向消费者提供承诺和保证；获得政府对茶叶基地建设、农企合作的政策扶持等相关支持；挖掘茶叶原产地独特地域文化，与茶厂品牌文化相结合，用故事说茶文化，充分挖掘茶产业的文化内涵。另一方面，茶业与其他产业实现跨界融合发展，共建新平台，如与文化创意产业、休闲旅游产业等融合，实现跨界合作。此外，电子商务平台也必须引起重视，它将茶叶的生产单位、流通单位与消费者，共同纳入一个以网络为纽带的数字化平台中，中国有上万个茶叶品牌具备电子商务

的物质基础，电子商务的发展也为茶叶品牌发展提供了一个高效快捷的发展路径。

（五）建立全国性中介组织，管理服务行业化

茶业的经营管理涉及各行各业，其中最主要的是农业、供销、商业、外贸管理资格领域，对应的分别是茶叶的生产、加工、流通、出口四个步骤。这四个领域各自为政，形成一个小的茶业圈。显然，这样的小型茶业圈不能满足当今市场经济转轨的要求，必须要将这些小型传统的小茶业进行转型升级。从宏观上，必须着眼于整个大的茶业，以全局为重制定相关政策法规。在微观上，政府部门应变直接干预为宏观调控，以经济、法律调控手段为主，将整个调控体系进一步修正完善。以制定相关政策和法律法规为工作重点，制定发展规划，协调各方贸易往来，为中国整个茶业发展创造宽中有紧的外部发展环境。同时，要突出行业管理协会的重要性，搞好服务工作，充分发挥出茶叶协会在产业调整、升级、发展中推动作用，促进茶叶产业的有序发展。

（六）从茶叶到茶业，茶厂视角扩展化

传统的茶厂大多专注于生产、销售茶叶，始终脱离不了茶"叶"本身。随着市场竞争的加剧和消费需求的改变，茶厂开始不断向关联产业扩张延伸，茶具、茶宠、茶点等关联产业风生水起，茶楼、茶庄、茶园观光等休闲服务盛行，以茶叶为圆心的茶业经济圈日益显示强大力量。如吴裕泰品牌早先推出的抹茶冰激凌、茶月饼等产品，受到了消费者尤其是年轻消费者的追捧。从实际来看，从茶叶向茶业扩张，除了基于消费者拓展角度，更多的品牌是基于价值提升和产业链控制的角度。拓展和开发品牌的全产业链价值，合理有效地进行品牌延伸，是实现品牌价值增值的重要方式。云南的大益品牌，以"茶""水""器""道"四个字概括其产业集群，"茶"即为茶叶本身，"水""器""道"分别表示冲泡茶之水、喝茶的茶器茶具和茶道文化，分别有其子品牌，如茶器部分的宜工坊、茶道部分的大益茶道院和大益嘉年华等。以大益茶为核心，配合各个子品牌，形成相生共进的格局，通过整合全产业链的资源获得品牌的延伸和扩展，从而使品牌价值得到最大提升。"一叶"变"一业"在不同的茶厂有不同的需要和内容，目的不同，策略不同，但基于自身的特性进行有效延伸，是茶叶品牌的未来发展趋势。

第四节　普洱茶厂战略保障

普洱茶厂想要有效地实施既定的战略，必须有强有力的战略保障确保最终战略目标的达成。在实施过程中，对其进行合理调控也是战略保障的重要部分。

一、普洱茶厂的战略控制

战略控制主要是指在普洱茶厂经营战略的实施过程中，检查茶厂为达到目标所进行的各项活动的进展情况，评价实施茶厂战略后的企业绩效，把它与既定的战略目标与绩效标准相比较，发现战略差距，分析产生偏差的原因，纠正偏差，推动茶厂战略的实施更好地与茶厂当前所处的内外环境、企业目标协调一致，使茶厂战略得以实现。

（一）确定评价标准

战略评价标准的选择应取决于普洱茶厂的规模、产业、战略和管理宗旨。因此，茶厂首先需要评价已制订的计划，找出茶厂目前需要努力的方向，明确实现目标所需要完成的工作任务。评价标准与战略目标一样，应当是可定量的，易于衡量，如销售额、销售增长率、净利润、资产、销售成本、市场占有率、价值增值、产品质量和劳动生产率等。如何选择合适的评价标准体系主要取决于茶厂所确定的战略目标及其战略。

（二）审视战略基础

普洱茶厂战略的选择和制定是以外部环境和内部环境为制定基础和依据的。现有战略基础的外部机会与威胁、内部优势与劣势，茶厂都应实时监控和掌控。一旦这些因素发生较大的波动，应适时实施相应的控制手段。对于战略基础的监控须注意以下三个问题。

1．检验关键战略因素的可靠性

在公司制定战略时应推测出外部环境关键战略因素，并对其进行系统监视。例如，某茶叶公司制定了市场营销领域中行业领先战略，其战略计划包括技术、价格、推销等，且在此战略计划中有一年后股票上市的项目。但因为在战略实施过程中，并没有很有效地对金融市场这个外部因素进行监控，一年以后，当金融市场发生不可预期的变化时，其股票发行的战略计划也将严重受阻。在此案例中，虽然我们无法在制订战略计划时预测金融市场的动态，但可以提前预知该因素为不可靠的关键因素，因建立了对该因素的系统监控，至少可以控制好茶厂内部的资金投向问题。

2．监视战略因素的变化

普洱茶厂关键战略因素分为不可控因素和直接因素两大类。直接因素是指与茶厂竞争活动直接有关的环境因子，它们的变化波动会对茶厂的战略实施产生直接的重大影响，如茶厂的竞争对手、行业势力集团、供应商等。科学技术、通货膨胀程度、政府的进口保护、消费倾向、银行存款利率等非茶厂所能控制的因素均属于不可控因素。这些因素与茶厂的竞争活动间接相关。对于这些不可控因素，茶厂必须能够提前做好应对预案，并采取措施对这些不稳定要素进行监控，从而清楚哪些因素的变化直接关系到企业的竞争力。

3．识别关键因素变化与战略实施的联系

关键战略因素包括不可控因素和直接因素。茶厂需要监视外部环境中关键战略因素的变化，包括搜集关于不可控因素或直接因素全面、最新的情报，预测未来的行为；分析预测到的行为在茶厂战略实施中的哪一方面或哪一阶段可能会产生重要的影响。对这些变量以及变量之间的相互作用进行系统的收集、分析、研究，清楚关键战略因素变化和战略实施的联系，及时对值得关注的易产生威胁或形成机会的关键因素形成监视报告。

（三）衡量普洱茶厂绩效

衡量普洱茶厂绩效的目的是准确地测量绩效结果与绩效努力，以找出实际绩效与最初计划之间的差异。管理者经常会采用历史比较法、相关比较法和工程比较法来比较目标和结果。在这些方法中，历史比较法是以过去的绩效作为参考来评价当前绩效，相关比较法则是以同时间内其他茶厂所取得的绩效来作为参考，工程比较法利用基于时间和运动的研究来科学地设定评价标准。

衡量茶厂绩效不一定发生在茶厂任务完成之后。前馈控制、并行控制和反馈控制都是常常用到的控制方式，其差别就在于衡量绩效的时机不同。前馈控制的绩效衡量发生在任务开始之前，此时衡量的是实际准备工作与计划中该阶段应该完成的准备目标的差异；并行控制在任务进行中实施绩效衡量，以保证任务不会偏离预定的计划；而反馈控制则在任务结束后，与设定好的绩效目标相比较，从而得到差异。

（四）战略调整或变革

战略调整是茶厂经营发展过程中对过去选择的目前正在实施的战略进行方向或线路的改变，是管理者在战略控制中发现当前战略不符合组织目标和愿景时所采取的行动，战略调整从分析茶厂愿景开始，判断茶厂目标和愿景是否合理且实际，是否符合当前环境。这之后，通过衡量绩效找出当前战略与茶厂愿景之间的偏差，对原因进行分析，然后采取合适的行动来调整茶厂战略。战略调整时，管理人员需要注意：①需要明确组织的目的和愿景，且调整和变革是为了达到组织目的与愿景；②开发并保持组织核心竞争力；③开发组织人力资本以适应新的战略和环境；④保持有效的组织文化以支持新战略；⑤建立平衡的组织控制，以保证战略的转换和新战略的实施。

此外，一般来说，成功的普洱茶厂需要进行持续性的成功变革。但是，不能为了变革而变革，而必须有一个战略性的和以顾客为导向的目的。这是由于茶厂处在不确定的环境之中，管理者必须对机会和威胁保持警觉，及时调整茶厂战略以适应不断变化的环境。

二、普洱茶厂战略保障的相关建议

（一）政府引导

普洱茶厂的战略实施与茶叶市场的变化密切相关，但在如今市场发展还不够完善、信息不对称等因素的影响下，政府的作用显得不可忽视。如"国八条"出台，厉行节俭风，公款消费、礼品减少，政府要通过制定政策，加强市场引导，行业社团则应对全国茶叶生产进行指导，政府的引导在战略的保障上起到不可忽视的作用。

（二）消费培养

茶厂若要掌握未来的发展趋势，势必需要对年轻群体的消费习惯进行培养，让更多的年轻人喝茶、享茶。上海的"茶香书香"便是一个极好的例子，其秉承中国传统茶文化，以时尚的元素为现代都市演绎出茶之美，营造时间自由的茶空间，致力于打造时尚健康的中国茶连锁店，赋予茶更丰富的口感，时尚地演绎出茶的养生养性特质，将时尚元素与茶有机结合，不仅开创了现代茶文化，也让更多年轻人体验到茶的乐趣和魅力。

（三）茶厂审视

对于茶厂内部而言，在战略制定实施之后，需要对茶厂内部进行严格的审视。在管理体系中，要做好战略实施的反馈控制，建立健全现代茶厂管理体系；在人才培养中，要注重人才的综合素质培养。此外，在变化的环境中，茶厂的持续创新能力显得尤为重要，在战略的保障中需要茶厂保持持续的创新能力以应对瞬息万变的经济环境。

（四）平台构建

好的平台才能使茶厂战略实施更加有效率。比如，在电子商务时代，茶叶交易具有毛利高、物流成本较低、重复购买率较高、线下购买不方便等非常适合电子商务的特点。网络平台的构建对于茶叶电子商务发展非常重要。此外，鉴于资源多、整合少，茶厂多、规模小，且单个茶厂的力量有限，茶厂亦可广泛寻求合作和联盟，积极探索资源共享的新路径、新方法。

第四章　普洱茶厂生产管理

生产管理是指为实现公司的经营目标，有效地利用生产资源，对生产过程进行组织、计划、控制，生产出满足社会需要、市场需求的产品或提供服务的管理活动的总称。在普洱茶厂生产管理中，人们特别需要关注的是在生产实施前依照普洱茶的制作技艺安排普洱茶生产的工艺流程。而在生产实施过程中，茶厂应注意对直接或间接影响普洱茶质量的生产和服务过程所采取的作业技术和生产过程的分析、诊断和监控。

第一节　普洱茶的生产流程

一、普洱茶介绍

普洱茶，作为中国云南省的特产，不仅是中国国家地理标志产品，更是一种独特的后发酵茶类。其原料主要采用云南大叶种晒青毛茶，并可分为生茶和熟茶两种。生茶以自然的方式陈放，不经过人工发酵渥堆处理，而熟茶则经过渥堆发酵等制茶加工工艺制成。普洱茶的产地主要集中在云南省的西双版纳、临沧、普洱等地区，这些地区拥有独特的气候和环境条件，为普洱茶的生长提供了得天独厚的优势。

普洱茶具有独特的品质特点，其茶汤橙黄浓厚，香气高锐持久，香型独特，滋味浓醇，经久耐泡。无论是清饮还是混饮，都能体验到普洱茶带来的不同口感和风味。在冲泡过程中，每一道茶汤的变化都充满了惊喜和期待。

普洱茶具有的独特功效，也是其独特魅力的一部分。如减肥、降脂、降压、防癌、抗癌、养胃、护胃、健牙护齿、消炎、杀菌、抗衰老等作用。因此，普洱茶受到越来越多人的喜爱和追捧。

在享受普洱茶的同时，也需要注意一些饮用禁忌。例如，普洱茶不宜空腹饮用，也不宜在睡前饮用，因为普洱茶中的咖啡碱等物质可能会刺激胃黏膜和影响睡眠。此外，普洱茶也不宜与某些药物同时饮用，以免产生不良反应。

二、普洱茶的制作工艺和生产流程

（一）采摘

普洱茶的采摘过程是一个既讲究技巧又注重细节的过程，以下是具体的采摘步骤和注意事项。

1. 选择采摘时间

普洱茶一般生长在原始森林或茶山之中，采摘时间通常在清晨太阳出来后或下午阳光较弱时进行。这样可以避免茶叶因露水或阳光过强而导致品质受损。

2. 采摘标准

普洱茶的采摘标准以一芽两叶为主，有时也会采摘一芽三叶的茶叶。这是因为此时的茶叶内含物质丰富，品质最佳。

3. 采摘方法

采摘时，茶农通常使用提采法，即食指和拇指夹住新梢嫩茎，轻轻用力提采折断。这种采摘方法可以确保茶叶的完整性和品质。

4. 注意事项

在采摘过程中，茶农需要避免使用指甲掐采，以免对茶叶造成损伤。同时，采摘下来的茶叶要及时摊开，避免闷捂导致品质下降。

5. 高处茶叶的采摘

对于生长在茶树高部位的鲜叶，茶农需要爬上树或使用扶梯等辅助工具进行采摘，以确保采摘到品质上乘的茶叶。

（二）晾晒

普洱茶的摊晾过程是普洱茶制作中非常关键的一个环节，以下是具体的摊晾步骤和注意事项。

1．选择适宜的摊晾环境

摊晾需要在通风良好、干燥且避免阳光直射的地方进行。这样的环境有利于茶叶中的水分逐渐散发，避免茶叶因过度暴晒而受损。

2．摊晾工具的准备

摊晾时可以使用竹席、竹制晒台等工具，将茶叶均匀地摊晾在上面。这些工具有利于茶叶与空气的接触，促进茶叶的干燥。

3．摊晾的厚度与时间

摊晾的茶叶厚度要适中，不宜过厚或过薄。同时，摊晾的时间也要根据天气、茶叶的含水量等因素进行适当调整。一般来说，摊晾时间需要持续数小时至半天左右，直到茶叶达到适当的干燥程度。

在摊晾过程中，还需要注意以下几点：①避免茶叶与地面直接接触。地面可能含有湿气或杂质，与茶叶直接接触会影响茶叶的干燥效果和品质。因此，在摊晾时需要使用垫子等物品将茶叶与地面隔开。②适时翻动茶叶。在摊晾过程中，需要适时翻动茶叶，确保每一片茶叶都能均匀干燥。这样可以避免茶叶因干燥不均而产生不良品质。③控制摊晾的温度和湿度。温度过高会导致茶叶过快干燥，使茶叶内含物质转化不充分；湿度过高则会影响茶叶的干燥效果。因此，要根据实际情况调整环境的温度和湿度。

（三）杀青

普洱茶的杀青过程是一个十分关键的步骤，它初步决定了茶叶的品质特征。普洱茶的杀青主要分为锅炒杀青和滚筒式杀青。

1．锅炒杀青

锅炒杀青是一种传统的手工杀青方式，主要用于古树茶和野生野放茶的加工。这种杀青方式需要先将炒锅烧热，然后倒入茶叶，制茶师傅通过双手不断翻炒，使茶叶均匀受热，失去水分，达到杀青的目的。在翻炒过程中，制茶师傅需要灵活掌握火候和翻炒速度，避免茶叶炒焦或杀青不足。

2．滚筒式杀青

滚筒式杀青则是一种机械化的杀青方式，多用于品质普通的茶叶加工。

这种方式是将茶叶放入滚筒内，通过滚筒的转动和内部的高温，使茶叶均匀受热，达到杀青的效果。滚筒式杀青具有效率高、成本低的优点，但相对于锅炒杀青来说，对茶叶品质的控制难度稍大。

无论是锅炒杀青还是滚筒式杀青，其目的都是使茶叶在高温下迅速失去水分，停止酵素酶的继续作用，同时使茶叶的柔软度增加，便于后续的揉捻和成型。在杀青过程中，制茶师傅需要根据茶叶的具体情况（如鲜叶的含水量、老嫩程度等）灵活调整杀青温度和时间，以确保茶叶的品质。

此外，对于大叶种的普洱茶来说，由于其含水量较高，杀青时必须炒、闷、抖、翻结合，使茶叶失水均匀，去除大量草青味，高温快速钝化酶活性，制止多酚氧化。这样可以使茶叶保持翠绿，同时也有利于后续工序的进行。

（四）揉捻

普洱茶的揉捻，主要目的是为了使茶叶成条，同时破坏茶叶细胞，让茶汁渗出并附着在茶叶表面。

在茶叶杀青并经过一段时间摊晾之后，开始进行揉捻。这个步骤中，茶叶被放入专用的揉捻机或篾制揉篓中。对于机器揉捻，揉捻机一般为旋转式，能够将茶叶进行旋转和翻动，使其均匀揉捻。对于手工揉捻，要求动作呈弧形、圆活完整、连贯协调、刚柔并济，使茶叶受力均匀，利于成条。在揉捻过程中，茶叶受到平压和曲压两种力的作用，整个茶团滚动，使叶团内部受到挤压力，发生皱褶，茶叶发生形的改变。由于茶叶主脉硬度较大，叶片形成的皱褶纹路基本上与主脉平行，并向主脉靠拢，卷曲成条。

揉捻的力度和时间对普洱茶的品质有着重要影响。揉捻力度过大会导致茶叶受损、断裂，影响茶叶品质；揉捻力度过小则不能很好地挤压茶叶，影响茶叶的酶活性。因此，在揉捻过程中，制茶工人需要根据茶叶的含水量、湿度等因素，灵活调整揉捻的力度。同时，揉捻的时间也要根据茶叶的特性和要求进行调整，一般为30分钟至1小时。

揉捻过程中，茶叶细胞的破裂促进了后续发酵作用的进行。完成揉捻后，茶叶还需要进行解块干燥等处理，以避免叶色变黄。

（五）晒干

普洱茶的晒干过程，是通过自然晒干，使茶叶中的水分逐渐散发，达到保存茶叶的目的。

1. 摊晾

在采摘完鲜叶后，需要将其进行摊晾，使茶叶中的水分散失一部分，叶片逐渐软化，为后续的制作过程做好准备。

2. 晒场晒干

将摊晾好的茶叶放在晒场上进行晒干。晒场一般选择在光照充足、通风良好的地方，以保证茶叶能够均匀受光，充分晒干。在晒干的过程中，需要适时翻动茶叶，避免茶叶因长时间受光不均匀而出现色差。

晒干的时间根据天气和茶叶的具体情况而定，一般需要数天至一周左右。在晒干过程中，茶叶中的水分逐渐散发，叶片变得干燥，同时茶叶中的香气和口感也逐渐形成。

值得注意的是，晒干过程中要避免茶叶受到雨淋或露水等潮湿因素的影响，以免茶叶发霉变质。

3. 收回储存

当茶叶晒干至一定程度后，需要将其收回并进行储存。在储存前，需要对茶叶进行筛选，去除其中的杂质和不合格茶叶。然后将茶叶放入干燥、通风、无异味的仓库中进行储存，以待后续的加工和销售。

（六）渥堆发酵（仅针对普洱熟茶）

普洱茶的渥堆发酵是普洱茶熟茶制作过程中的关键工艺，也是决定熟茶品质的重要环节。

1. 湿水

将晒青毛茶用水浸湿，使茶叶充分吸水，增加茶叶的湿度，为后续的发酵过程创造条件。

2. 堆放

将湿水后的茶叶堆放到一定高度后，盖上麻布，让茶叶在湿热作用下进行发酵。堆放的高度和宽度都有一定的比例，且需要根据气温、湿度等环境因素进行调整。

3. 发酵

在堆放的过程中，茶叶会逐渐升温，微生物开始活动并繁殖，引起茶叶内部的化学反应。这些反应会使茶叶中的茶多酚、儿茶素等物质逐渐氧化，生成茶黄素、茶红素等新的成分，使茶叶的颜色、香气和口感发生变化。

4．翻堆解块

在发酵过程中，需要定期翻堆，将茶叶散开，避免茶叶因长时间堆积而产生厌氧发酵和酸味。在翻堆的同时也可以将茶叶中的结块解开，使茶叶发酵更加均匀。

5．开沟

翻堆后在茶叶堆中开沟，增加茶叶的透气性，有利于茶叶中的微生物进行有氧呼吸，促进发酵过程的进行。

6．摊晾

经过一段时间的发酵后，茶叶已经转化到一定的程度，此时需要将茶叶摊开晾干，使茶叶中的水分逐渐散发，达到适宜的干燥程度。

7．分筛

将摊晾后的茶叶进行筛选，去除其中的茶梗、茶末等杂质，使茶叶更加纯净。

（七）干燥

普洱茶的干燥过程，目的是通过去除茶叶中多余的水分，使茶叶达到适宜的干燥程度，便于储存和后续加工。普洱茶的干燥方式主要有日光干燥和烘干两种。

1．日光干燥

日光干燥是将茶叶直接放在阳光下晒干，这种方式能够保留茶叶的原始香气和口感，但需要天气晴好、光照充足，且需要适时翻动茶叶，避免晒伤和色差。在日光干燥过程中，制茶师傅需要根据茶叶的干燥程度和天气情况，灵活调整晒茶的时间和翻动次数。

2．烘干

烘干是使用烘干机对茶叶进行干燥处理。这种方式适用于天气不好或需要大量生产时。在烘干过程中，需要控制烘干机的温度和风量，避免茶叶因高温而受损。同时，也需要适时翻动茶叶，使其均匀受热，达到适宜的干燥程度。无论是日光干燥还是烘干，都需要将茶叶干燥至水分含量在适宜范围内，避免茶叶发霉变质。干燥完成后，茶叶会变得更加紧实，香气和口感也会得到进一步提升。

（八）筛分

普洱茶的筛分过程主要是根据茶叶的大小、形状、等级等因素将茶叶进行分离和分类。普洱茶的筛分一般使用筛分机进行。筛分机有多层筛网，每层筛网的孔径大小不同，可以根据茶叶的大小和形状将茶叶进行分离。在筛分过程中，茶叶通过进料口进入筛分机，经过多层筛网的筛选，不同等级的茶叶分别从不同的出料口排出。

除了使用筛分机外，传统的普洱茶筛分也采用手工筛分的方法。手工筛分需要使用不同孔径的筛子，将茶叶进行逐一筛选。虽然手工筛分效率较低，但能够更准确地控制茶叶的等级和质量。

在筛分过程中，还需要对茶叶进行进一步的挑选和剔除，去除茶叶中的杂质、茶梗、茶片等不符合要求的部分，以保证茶叶的纯净度和品质。

筛分完成后，不同等级的茶叶将被分别收集、储存和包装，以便于后续的销售和品饮。

（九）包装

普洱茶的包装过程是非常重要的环节，它不仅关乎到茶叶的保存和运输，还能提高茶叶的附加值和市场竞争力。普洱茶的包装过程描述如下。

1. 散茶包装

对于散装的普洱茶，一般先进行称量，然后将茶叶装入纸袋或铝箔袋中，进行封口。封口要求严密、不倾斜，以保证茶叶的密封性和防潮性。接下来，将包装好的茶叶放入铁罐或小盒中，再装入1份检验证书，封合纸箱，并用包装带打箍固定，最后喷上生产批次和生产日期。

2. 紧压茶包装

紧压茶是将茶叶通过压制工艺制成茶饼、茶砖等形态。在包装前，需要对茶饼用绵纸包装，并在绵纸上盖上生产日期和检验员编号。然后，根据客户需求，有的产品装入纸袋后直接装入小彩箱，有的不需要纸袋，用笋叶捆扎后装入小彩箱，也有的先用纸袋包装后再用笋叶捆扎，最后装入小彩箱。彩箱对应位置处需要喷上批次号、生产日期等信息。外箱侧面也要用预先刻制并校核的唛版，在外箱空白处喷上批次号和生产日期。

在包装过程中，还需要注意以下几点：①包装材料的选择。包装材料应符合卫生标准，无毒、无异味，并具有良好的密封性、防潮性和避光性。②包装环境的控制。包装车间应清洁、干燥、通风良好，无异味和污染源。③包装标识的清晰。包装上的标识应清晰、准确、完整，包括茶叶名称、规格、等级、生产日期、生产批次等信息。

第二节　普洱茶厂生产管理体系构建

一、普洱茶厂生产管理的重要性

普洱茶厂生产管理的重要性主要体现在以下几个方面。

（一）保证产品质量

普洱茶是一种具有独特风味和保健功能的饮品，其质量直接关系到消费者的健康和茶厂的声誉。通过科学的生产管理，对原料、加工工艺、生产环境等各个环节进行严格把控，确保产品的质量和安全。

（二）提高生产效率

普洱茶厂生产管理通过优化生产流程、合理安排生产计划、有效利用资源等手段，提高生产效率，降低生产成本，增加企业的市场竞争力。

（三）促进技术创新

生产管理不仅是对现有生产过程的监督和控制，更是对新技术、新工艺的研究和应用。通过引入先进的技术和设备，不断改进生产工艺，可以提高普洱茶的品质和附加值，满足消费者的多样化需求。

（四）保障员工安全

普洱茶厂生产管理注重生产环境的安全和卫生，通过制定严格的安全操作规程和应急预案，加强员工的安全教育和培训，最大限度地保障员工的人身安全和健康。

（五）提升企业形象

良好的生产管理不仅可以保证产品质量和生产效率，还可以提升企业的整体形象和品牌价值。一个管理规范、生产有序、质量可靠的普洱茶厂更容易获得消费者的信任和认可，从而在激烈的市场竞争中脱颖而出。

二、普洱茶厂生产管理组织架构

在普洱茶厂的生产管理中，建立一个高效、清晰的生产管理组织架构是至关重要的。这不仅有助于明确各个部门和岗位的职责与权限，还能确保生产流程的顺畅进行，提高生产效率和产品质量。

（一）高层管理

1．总经理／厂长

总经理／厂长作为茶厂的最高管理者，肩负着制订茶厂战略规划和经营目标的重任，同时监督核心决策的有效实施，并评估茶厂的整体业绩。

2．副总经理／副厂长

副总经理／副厂长协助总经理／厂长工作，分管不同的部门或业务领域，确保茶厂的日常运营和高层决策的有效实施。

（二）中层管理

1．生产部经理

生产部经理负责整个生产部门的管理，包括制订生产计划、组织生产、监控生产进度以及确保生产安全等。

2．质量部经理

质量部经理负责茶厂的质量管理体系的建立和维护，监督原料采购、生产过程和产品检验等关键环节的质量控制。

3．设备部经理

设备部经理负责生产设备的采购、安装、调试、维护和更新，确保生产设备的正常运行和满足生产需求。

4．仓储部经理

仓储部经理全面监管原料、半成品以及成品的存储工作，致力于保障库存信息的精确无误和物资的安全无损。

（三）基层管理

1．生产线班长／组长

生产线班长／组长负责具体生产线的日常管理和生产任务的分配，监控生产过程的操作规范和产品质量。

2．质检员

质检员负责按照质量标准对原料、半成品和成品进行检验，确保产品质量符合要求。

3．设备操作员／维修工

设备操作员／维修工负责生产设备的日常操作和简单维护，确保设备的正常运行。

4．仓管员

仓管员负责物资的入库、出库和库存管理，保持仓库的整洁和有序。

（四）支持性部门

1．研发部

研发部负责新产品、新工艺的研究与开发，以及技术改进和创新。

2．市场部

市场部负责市场调研、品牌推广和销售工作，为生产提供市场信息和销售支持。

3．采购部

采购部负责原料和辅料的采购工作，与供应商建立和维护良好的合作关系。

4．人力资源部

人力资源部负责员工的招聘、培训、绩效管理和福利等工作，为茶厂提供合适的人力资源支持。

这样的生产管理组织架构不仅层次分明、职责明确，而且能够确保生产管理的有效性和高效率。通过各个部门和岗位的协同合作，普洱茶厂能够实现生产过程的优化和资源的合理配置，从而提高产品质量、降低生产成本、增强市场竞争力。

三、普洱茶厂生产管理部门及其职责

在普洱茶厂的生产管理体系中，生产管理部门是核心组成部分，负责全面规划和组织生产活动。生产管理部门的设置及其主要职责如下。

（一）生产管理部门设置

1. 生产部

生产部作为生产管理的核心部门，生产部通常下设生产计划科、生产调度科、生产工艺科等子部门，以确保生产活动的有序进行。

2. 生产支持部门

生产支持部门这些部门包括但不限于设备维护部、仓储管理部、质量保障部等，它们为生产活动提供必要的支持和保障。

（二）生产管理部门职责

1. 制订生产计划

根据市场需求、销售预测、企业战略目标等因素，制订年度、季度和月度的生产计划，并分解为具体的生产任务和指标。

2. 组织生产

负责协调各个生产车间、班组和工序，确保生产按照计划顺利进行，包括人员调配、设备安排、物料准备等工作。

3. 生产调度与监控

对生产过程进行实时监控，根据生产实际情况及时调整生产计划和调度方案，解决生产过程中出现的问题和瓶颈。

4. 质量控制

与生产质量部门紧密合作，确保生产过程符合质量管理体系的要求，监督关键控制点的执行情况，防止不合格产品的产生。

5. 设备管理

全面负责从设备选型、采购、安装、调试到维护和更新的全过程，以保障生产设备始终保持在最佳状态，从而确保生产流程的顺畅和满足生产需求。

6．成本管理

监控生产过程中的各项成本，包括原料消耗、能源消耗、人工成本等，通过优化生产流程和降低成本措施，提高生产效益。

7．安全管理

制定并执行安全生产规章制度，加强对员工的安全教育和培训，确保生产环境的安全和员工的健康。

8．技术研发与创新

对生产数据的系统收集、有序整理及深入分析，旨在揭示生产过程中存在的问题和潜在的改进机会。在此基础上，制定并实施有针对性的改进措施，以推动生产流程的持续改进和优化。

9．生产数据分析与改进

收集、整理和分析生产数据，发现生产过程中的问题和改进点，提出并实施改进措施，持续优化生产过程。

通过明确生产管理部门的设置和职责，普洱茶厂能够确保生产活动的有序、高效和安全进行，不断提高生产效率和产品质量，满足市场需求和企业发展目标。

四、确定生产人员配置和职责分工

在普洱茶厂的生产管理中，明确生产人员的配置和职责分工是确保生产顺利进行的关键。

（一）生产人员配置

1．生产线人员

针对生产规模和工艺流程的需求，生产线合理配置了相应数量的操作人员，包括专业的制茶师傅、包装工人以及质量检查员等。这些生产线人员承担着具体的生产任务和产品检验工作，确保生产的高效和质量的稳定。

2．生产管理人员

配置一定数量的生产管理人员，如生产班长、生产主管等，他们负责生产现场的管理、生产计划的执行以及生产问题的协调解决。

3．技术支持人员

根据生产需要，配置专业的技术支持人员，如工艺工程师、设备工程师等，他们提供技术支持和创新改进，确保生产过程的稳定性和效率。

（二）职责分工

1．生产线工人职责

（1）严格按照生产工艺流程和操作规范进行生产操作，确保产品质量和生产安全。

（2）定期进行设备检查和简单维护，及时报告设备故障或异常情况。

（3）参与生产过程中的质量自检和互检，及时发现并处理质量问题。

（4）保持生产现场的整洁和卫生，遵守生产纪律和规章制度。

2．生产管理人员职责

（1）制订并执行生产计划，合理调配生产资源和人员，确保生产任务的按时完成。

（2）监控生产过程，及时发现并解决生产中出现的问题和瓶颈，确保生产顺利进行。

（3）负责生产现场的安全管理和环境保护工作，确保员工的安全和健康。

（4）协调与其他部门的工作配合和沟通，确保生产流程的顺畅和高效。

3．技术支持人员职责

（1）提供生产工艺和设备的技术支持，解决生产过程中的技术难题。

（2）参与新产品的开发和工艺改进工作，推动技术创新和升级。

（3）定期对生产设备进行维护和保养，确保设备的正常运行和延长使用寿命。

（4）培训生产线工人，提高其技能水平和生产效率。

五、普洱茶厂生产管理制度建立

在普洱茶厂中，生产管理制度的建立是确保生产活动有序、高效、安全进行的基础。生产管理制度建立的具体内容如下。

（一）生产流程与工艺管理制度

（1）明确生产流程中的各个环节和工序，制定标准的操作规范和工艺流程图。

（2）规定原料的验收、储存、使用标准，确保原料质量符合生产要求。

（3）设定生产过程中的关键控制点和检验标准，确保产品质量和安全。

（二）生产计划与调度管理制度

（1）制定生产计划的编制、审批、发布和调整流程，确保计划的合理性和可执行性。

（2）建立生产调度机制，明确调度人员的职责和权限，确保生产过程的协调和顺畅。

（三）生产设备与设施管理制度

（1）制定设备的购置、验收、安装、调试、使用、维护、报废等全过程管理制度。

（2）建立设备档案和制订设备维护计划，确保设备的正常运行和维护保养。

（3）设定生产设施的安全管理标准，包括电气安全、消防安全、环境保护等。

（四）产品质量与检验管理制度

（1）建立全面的质量管理体系，包括质量目标、质量计划、质量保证和质量改进。

（2）制定产品的检验标准和检验流程，确保产品质量的合格和稳定。

（3）设立独立的质量检验部门或岗位，负责产品的抽样检验和全面检验。

（五）安全生产与环境保护管理制度

（1）制定安全生产规章制度和操作规程，明确员工的安全生产责任和义务。

（2）建立安全生产检查和隐患排查机制，及时发现和处理安全隐患。

（3）制定应急预案和事故处理流程，提高应对突发事件的能力。

（4）遵守环境保护法规，制定环保措施和排放标准，确保生产过程的环保合规。

（六）生产成本控制与核算管理制度

（1）建立生产成本核算体系，明确各项成本的核算方法和标准。

（2）制定成本控制措施和降低成本计划，提高生产效益和盈利能力。

（3）定期进行成本分析和成本审计，发现成本异常和浪费现象，及时采取纠正措施。

（七）人员培训与考核管理制度

（1）制订员工培训计划和培训大纲，确保员工具备必要的技能和素质。

（2）建立员工考核机制和奖惩制度，激励员工积极工作和创新改进。

（3）定期对员工进行技能鉴定和绩效评估，为员工提供晋升和发展的机会。

第三节 普洱茶厂生产计划与调度

一、普洱茶厂生产计划制订

普洱茶厂生产计划的制订是确保茶叶生产顺利进行、提高生产效率和保证产品质量的重要环节。普洱茶厂生产计划制订有以下关键步骤。

（一）确定生产目标

1．市场需求分析

对目标市场进行调研，了解消费者对普洱茶种类、品质、价格等方面的需求。

2．产能评估

基于现有生产设备和工艺流程，评估茶厂的最大生产能力。

3．销售目标设定

结合市场需求和产能评估，设定具体的销售目标和市场份额。

4．产品组合策略

确定生产不同等级、不同风味的普洱茶的比例，以满足市场的多样化需求。

（二）评估资源需求

1. 原材料供应

与茶叶种植户或供应商建立稳定的合作关系，确保鲜叶的质量和供应稳定性。

2. 设备维护与管理

对现有生产设备进行定期维护和更新，确保设备处于良好状态。

3. 人力资源计划

根据生产规模和生产工艺，评估所需的生产、质检、管理等方面的人员数量，并进行相应的招聘和培训。

4. 包装材料采购

根据产品包装需求，采购符合标准和环保要求的包装材料。

（三）制订生产计划

1. 生产时间表

根据茶叶生长季节、市场需求波动等因素，合理安排生产起止时间和生产周期。

2. 工艺流程设计

优化茶叶采摘、萎凋、杀青、揉捻、发酵、干燥等工艺流程，确保产品质量和一致性。

3. 批次管理

建立生产批次管理制度，对每批茶叶的生产日期、原料来源、工艺参数等信息进行记录，以便质量追溯。

4. 设备与人员配置

根据生产计划，合理安排生产设备的运行时间和人员的班次。

（四）优化生产布局

1. 工艺流程布局

按照生产工艺流程，将生产设备和工作区域进行合理布局，减少物料搬运和人员走动距离。

2．空间利用率提升

合理利用车间空间，优化设备摆放和存储区域设置，从而有效提高空间利用率。

3．安全生产考虑

确保设备操作区域符合安全生产的要求，设置必要的安全防护设施和警示标识。

（五）制订质量控制计划

1．原料质量控制

建立严格的原料验收标准，对进厂的鲜叶进行质量检查，确保原料符合生产要求。

2．过程质量监控

在生产过程中设置关键控制点，对温度、湿度、时间等工艺参数进行实时监控和调整。

3．成品检验与放行

制定成品检验标准和程序，对产品进行抽样检验，检查合格后可放行。

4．质量追溯体系

建立完善的质量追溯体系，确保每批产品都能追溯到原料来源和生产过程信息。

（六）环保和安全生产

1．废弃物处理

制订废弃物处理方案，对茶叶废料、包装废弃物等进行分类收集和处理，减少环境污染。

2．能源消耗控制

采用节能型设备和生产工艺，降低能源消耗，提高能源利用效率。

3．安全防护措施

为生产人员配备必要的劳动防护用品，定期对生产设备进行安全检查和维护，确保生产安全。

（七）监控和调整计划

1．生产进度监控

通过生产报表、实时监控系统等手段，及时掌握生产进度情况，确保生产按计划进行。

2．质量信息反馈

建立质量信息反馈机制，收集生产过程中的质量问题和改进建议，及时调整质量控制措施。

3．计划调整与应对

根据市场变化、设备故障等实际情况，灵活调整生产计划，确保生产的连续性和稳定性。

二、普洱茶厂生产调度流程

普洱茶厂的生产调度的目的是确保生产按照计划有序进行，同时灵活应对各种变化。普洱茶厂生产调度流程主要有以下步骤。

（一）接收生产订单

（1）生产调度部门从销售部门或客户处接收生产订单。

（2）对订单进行初步审核，确认订单的有效性、可行性和优先级。

（二）资源评估与分配

（1）评估当前可用的原材料、设备、人力资源等生产要素。

（2）根据订单需求和生产计划，进行资源分配和优先级排序。

（三）任务排程

（1）制定详细的生产排程，包括每个生产批次的时间、顺序和生产量。

（2）考虑设备维护、清洁和换型等需要，合理安排设备使用计划。

（四）生产过程监控

（1）实时监控生产现场，确保生产按照排程进行。

（2）收集、整理和分析生产数据，以准确地找出生产瓶颈、优化潜力和改进方向，从而提出并实施有效的改进措施。

（五）问题处理与调整

（1）及时处理生产过程中出现的问题（如设备故障、原料不足等）。

（2）根据实际情况调整生产计划和排程，确保生产稳定进行。

（六）协调与沟通

（1）与生产、采购、仓储、质检等部门保持密切沟通，协调处理跨部门问题。

（2）及时向上级管理部门报告生产进度和异常情况。

（七）记录与分析

（1）记录生产过程中的关键数据和事件，如生产时间、产量变化、设备故障等。

（2）通过对所记录的数据进行深入剖析，能够准确地识别出生产过程中的瓶颈环节、潜在的优化空间以及明确的改进方向。

（八）完成订单与交付

（1）确认生产完成后，进行产品检验和包装。

（2）安排物流运输，确保产品按时交付给客户。

三、普洱茶厂生产调度管理

生产调度管理是确保普洱茶生产过程高效、有序进行的关键环节，主要包括以下方面。

（一）生产调度计划制订

（1）根据市场需求、销售预测和库存情况，制订生产计划，明确生产目标、任务和时间要求。

（2）评估生产能力和资源状况，包括原材料、设备、人力资源等，确保生产计划的可行性。

（3）制订生产调度计划，将生产任务分解为具体的生产批次和工序，并确定生产顺序和优先级。

（4）与相关部门进行沟通协调，确保生产调度计划的顺利实施。

（二）生产现场调度管理

（1）监控生产现场的运行情况，确保生产按照调度计划进行。

（2）及时处理生产过程中的异常情况，如设备故障、原料不足、质量问题等，确保生产稳定进行。

（3）根据生产实际情况，灵活调整生产调度计划，以满足市场需求和生产变化。

（4）协调不同生产环节之间的衔接和配合，确保生产流程的顺畅进行。

（三）生产数据分析与优化

（1）收集生产过程中的关键数据，如产量、效率、质量指标等，进行实时分析和反馈。

（2）通过数据分析，识别生产瓶颈和优化潜力，提出改进措施和优化建议。

（3）跟踪生产调度计划的执行情况，评估生产效率和成本控制效果，持续改进生产调度管理。

（四）团队建设与培训

（1）建立高效的生产调度团队，具备良好的沟通能力和团队协作精神，共同为实现生产目标努力。

（2）定期组织生产调度培训和交流活动，提高团队成员的专业素质和技能水平。

（3）鼓励团队成员积极参与生产调度管理的改进和创新，提升整体管理水平。

（五）信息化技术应用

（1）引入先进的生产调度管理系统，实现生产计划的自动化排程和实时监控。

（2）利用信息技术手段，提高生产调度管理的效率和准确性，减少人为错误和延误。

（3）与其他管理系统进行集成，实现生产数据的共享和协同工作，提升整体管理效能。

四、普洱茶厂生产计划与调度的重要性

普洱茶厂生产计划与调度的重要性主要体现在以下几个方面。

（一）提高生产效率

通过合理的生产计划和调度，茶厂能够优化资源配置，确保原材料、设备、人力资源等在正确的时间和地点得到充分利用。这避免了资源浪费和瓶颈现象，从而提高了生产效率。

（二）保证产品质量

生产计划与调度涉及茶叶生产的每一个环节，从原料采购到成品包装。通过精心规划和有效监控，可以确保每个生产步骤都符合质量标准，最终生产出高品质的普洱茶。

（三）降低成本

合理的生产计划有助于减少库存积压、降低仓储成本，避免过度生产和浪费。同时，通过优化生产流程，可以降低能源消耗、减少废品率，从而进一步降低生产成本。

（四）快速响应市场需求

灵活的生产计划和调度使茶厂能够迅速适应市场变化。当市场需求增加或减少时，茶厂可以及时调整生产规模和产品组合，抓住市场机遇，降低风险。

（五）提升客户满意度

通过准时交付和满足客户的个性化需求，茶厂能够建立和维护良好的客户

关系。这不仅可以增强客户的忠诚度，还有助于茶厂树立良好的品牌形象。

（六）促进持续改进

生产计划与调度是一个动态的过程，需要不断地收集反馈信息并进行调整。这为企业提供了持续改进的机会，通过不断优化生产流程和资源配置，茶厂可以实现更高的生产效率和更好的经济效益。

五、生产计划与调度的协同

生产计划与调度的协同是制造企业中至关重要的环节，它们之间的有效协作对于确保生产顺利进行、满足客户需求、优化资源配置以及提高生产效率具有关键作用。

（一）协同的实现方式

1. 信息共享

生产计划部门和调度部门之间应建立信息共享机制，以便及时分享与生产相关的数据和信息，包括订单信息、生产进度、资源利用情况等。通过信息共享，两个部门可以更好地了解彼此的工作状态和需求，为协同工作提供基础。

2. 定期沟通会议

生产计划部门和调度部门应定期召开沟通会议，共同讨论生产计划和调度安排，解决协作过程中出现的问题和矛盾。通过定期沟通，可以增进两个部门之间的理解和信任，提高协同工作的效果。

3. 制定协同流程

企业应制定明确的协同流程，规范生产计划与调度之间的协作方式和步骤。协同流程应包括从订单接收到产品交付的整个过程，确保每个环节都有明确的责任人和工作要求。

4. 引入协同工具

为了提高协同工作的效率和质量，企业可以引入一些协同工具，如生产管理软件、看板系统等。这些工具可以帮助生产计划部门和调度部门更好地跟踪生产进度、监控资源利用情况、发现问题并进行及时调整。

（二）协同的挑战与解决方案

1. 需求变化频繁

当客户需求发生频繁变化时，生产计划和调度需要快速响应并进行调整。解决方案包括加强与客户的沟通、建立灵活的生产计划和调度机制、引入先进的生产管理技术等。

2. 资源约束

当企业面临资源约束时，如原材料短缺、设备故障等，生产计划和调度需要协同工作以优化资源配置。解决方案包括建立应急预案、加强资源监控和预警、引入替代资源等。

3. 信息不对称

当生产计划部门和调度部门之间存在信息不对称时，可能会影响协同工作的效果。解决方案包括加强信息共享和沟通、建立统一的信息平台、提高员工的信息素养等。

第五章 普洱茶厂质量与安全管理

普洱茶，作为中国传统名茶之一，以其独特的发酵工艺、陈香韵味和保健功效而备受消费者青睐。然而，随着普洱茶市场的不断扩大和竞争的加剧，普洱茶厂的质量与安全管理问题也日益凸显。

质量与安全管理是普洱茶厂生存和发展的基石。一方面，优质的普洱茶产品需要严格把控原料采购、生产工艺、成品检验等各个环节，以确保生产出来的茶叶品质符合市场需求和消费者期望。另一方面，安全生产和环保管理是普洱茶厂不可忽视的责任，这关系到员工的身体健康、企业的可持续发展以及社会环境的和谐稳定。

第一节 茶叶质量与安全评价标准

一、茶叶质量的含义

茶叶质量是指茶叶的特性及其满足消费要求的程度，主要涵盖了茶叶的品质特性和品质要求两个方面。

茶叶的品质特性是其固有的各种本质属性，主要包括感官品质特征（如茶叶的外形、汤色、香气、滋味和叶底等），理化品质成分（包括茶叶的各种营养成分和保健成分等），以及茶叶的安全性（如各种有毒有害物质的含量，包括农药残留、重金属含量、微生物污染等）。

茶叶的品质要求来自消费者和社会对茶叶的明示的、通常隐含的或必须履行的需求或期望。这涉及茶叶的种植、生产、加工、包装等各个环节，以及茶叶的品种、产地、季节等因素。

二、茶叶安全的含义

茶叶安全的含义深远且重要，直接关系到消费者的身体健康与生命安全，以及茶叶产业的可持续发展。

（一）茶叶安全的基本定义

茶叶安全，是指茶叶产品在整个生产、加工、储存、运输、销售直至消费的整个链条中，不存在可能损害或威胁人体健康的有毒有害物质，或因饮用不当而导致消费者健康受损的风险。包括茶叶中不含有超标的农药残留、重金属、有害微生物、黄曲霉毒素等污染物，同时也要求茶叶在生产、加工、储存等过程中符合相关的卫生和安全标准。

（二）茶叶安全的重要性

1. 保障消费者健康

茶叶作为一种广泛消费的饮品，其安全性直接关系到消费者的身体健康。如果茶叶中存在的有害物质超标，长期饮用可能会对消费者的身体造成伤害，甚至引发各种疾病。

2. 维护茶叶产业声誉

茶叶产业的声誉和消费者的信任是茶叶市场持续发展的基础。一旦茶叶安全问题频发，不仅会损害消费者的利益，也会破坏茶叶产业的形象，导致市场信心下降，进而影响整个产业的健康发展。

3. 促进国际贸易

在全球化的背景下，茶叶作为一种重要的农产品，其国际贸易量逐年增长。茶叶安全不仅是国内市场的需求，也是国际市场的准入门槛。只有符合国际安全标准的茶叶产品，才能在国际市场上获得广泛的认可和更大的市场份额。

（三）茶叶安全的主要影响因素

1．农药残留

在茶叶种植过程中，为了防治病虫害，茶农可能会使用各种农药。如果农药使用不当或过量，就会导致茶叶中农药残留超标，从而对人体健康产生潜在危害。

2．重金属污染

茶叶种植区域的土壤和水源如果受到重金属污染，茶叶在生长过程中就会吸收这些重金属元素，从而导致茶叶中重金属含量超标。长期饮用这样的茶叶，可能会引发各种重金属中毒症状。

3．有害微生物

在茶叶加工、储存、运输等过程中，如果卫生条件控制不当，就可能导致有害微生物的滋生。这些微生物在茶叶中繁殖，不仅会影响茶叶的品质，还可能产生有毒代谢产物，对人体健康造成危害。

4．加工和储存过程中的污染

茶叶在加工和储存过程中，如果接触到不洁的设备、容器或环境，就可能受到各种污染物的污染，包括细菌、霉菌、尘埃等，都可能对人体健康产生不良影响。

（四）保障茶叶安全的措施

1．加强源头控制

从茶叶种植环节开始，加强农药使用管理，推广生物防治等环保型农业技术，减少农药残留。同时，加强土壤和水源监测，防止重金属污染。

2．提高加工和储存卫生水平

加强茶叶加工和储存过程中的卫生管理，对茶叶加工和储存设施进行定期清洁和消毒，防止有害微生物的滋生。同时，采用密封包装、低温储存等技术手段，延长茶叶保质期，保持茶叶品质。

3．加强质量监管和检测

建立健全茶叶质量安全监管体系，加大对茶叶生产、加工、销售等环节的监管力度。同时，加强茶叶质量检测能力建设，提高检测准确性和时效性，以便及时发现和处理茶叶安全问题。

4．推广茶叶安全知识

开展茶叶安全知识的宣传教育活动，提高消费者对茶叶安全的认知水平和自我保护能力。同时，引导消费者选择正规渠道购买茶叶产品，避免购买和使用假冒伪劣茶叶产品。

三、茶叶质量与安全评价

茶叶质量与安全评价是一个综合性的过程，涉及多个方面的分析和评估，具体如下。

（一）感官品质评价

感官品质评价是评价茶叶质量最直接的方法，主要通过视觉、嗅觉、味觉和触觉来评价茶叶的外形、色泽、香气、滋味和叶底等。评价者需要具备丰富的经验和敏锐的感官能力，同时要运用评茶术语和遵循评茶程序。

（二）理化品质评价

通过科学仪器对茶叶的内在成分进行检测和分析，包括水分、灰分、茶多酚、咖啡碱、氨基酸、水浸出物等生化指标，以及农药残留、重金属等质量安全指标。这些指标可以客观地反映茶叶的内在品质和安全性。

（三）安全性评价

安全性评价主要针对茶叶中可能存在的有害物质进行评估，如农药残留、重金属、有害微生物等。这需要依据相关的国家和国际安全标准，通过专业的检测机构和方法进行定量和定性的分析。

（四）生产工艺评价

茶叶的生产工艺对茶叶的品质和安全性有重要影响。评价茶叶的生产工艺主要包括对原料选择、加工工艺、生产环境等方面的评价。优质的原料和科学合理的加工工艺是保证茶叶品质和安全性的基础。

（五）产地环境评价

茶叶的品质和安全性与其生长环境密切相关。影响茶叶生长的产地环境主要包括土壤、水质、气候等因素。良好的产地环境有利于茶叶的生长和品质的形成，同时也是保证茶叶安全性的重要因素。

四、茶叶质量与安全标准

（一）国内市场商品茶现行标准

1．感官品质要求

商品茶必须符合其所属茶类应有的色泽、香气、滋味、形状等感官品质特征。这需要通过专业的审评人员进行审评，确保茶叶的品质符合市场需求和消费者期望。

2．理化指标要求

商品茶中的水分、总灰分、碎末茶等理化指标必须符合国家规定的标准。这些理化指标是保证茶叶品质和储存性能的重要因素。

3．卫生安全要求

商品茶必须符合食品卫生安全标准，如 GB 2762、GB 2763 等规定，对茶叶中的农药残留、重金属、有害微生物等进行严格限制，这是保证茶叶卫生安全的重要措施。

4．净含量要求

定量包装商品茶的净含量必须符合《定量包装商品计量监督规定》的要求，确保消费者购买的茶叶数量准确无误。

5．标签标识要求

商品茶的包装上必须按照 GB 7718 的规定进行标签标识，包括产品名称、配料表、净含量、生产日期、保质期、生产商信息等。这将有助于消费者了解茶叶的基本信息和选择适合自己的产品。

6．贮运包装要求

商品茶的贮运包装必须牢固、防潮、整洁、无异味，并符合环保要求。这有助于保证茶叶在运输和储存过程中的品质稳定。

7．植物检疫要求

为了确保有害生物不被传播和扩散，出口茶叶必须遵守国家的植物检疫法律法规，这是植物检疫的基本要求。这样做，可以有效地防止茶叶携带可能对植物健康构成威胁的有害生物。

（二）茶叶安全标准

1．农药残留限量标准

为了确保茶叶的安全性，各国都制定了相应的农药残留物标准。例如，我国国家标准 GB 2763—2019 对茶叶中的农药残留物有明确规定，包括有机磷、有机氯、氨基甲酸酯类等农药的残留限量。

2．重金属限量标准

茶叶中的重金属可能来自土壤、水源、农药等环境因素。长期饮用含有重金属的茶叶会对人体健康造成危害。我国国家标准 GB 2762—2017 规定了茶叶中铅、汞、镉等重金属的限量。

3．有害微生物限量

茶叶在生产、加工和储存过程中可能会受到有害微生物的污染，如细菌、霉菌等。因此，茶叶安全标准中通常也会规定有害微生物的限量。

第二节　普洱茶厂质量管理体系建立与实施

一、质量与安全管理在普洱茶厂的重要性

质量与安全管理对于普洱茶厂的重要性不言而喻，其关乎到企业的生存、消费者的健康以及整个普洱茶产业的可持续发展。

首先，质量是普洱茶厂的生命线。普洱茶作为一种饮品，其口感、香气、汤色等品质特征直接影响到消费者的购买决策。如果普洱茶厂不能保证产品的质量，那么就会失去消费者的信任，进而失去市场份额。因此，普洱茶厂必须通过严格的质量控制体系，确保生产出的每一片茶叶都能够达到出厂的品质要求。

其次，安全是普洱茶厂不可触碰的底线。普洱茶生产过程中涉及许多环节，如茶叶采摘、加工、包装、储存等，任何一个环节出现安全问题，都可能对消费者的健康造成威胁。因此，普洱茶厂必须建立健全安全管理体系，对生

产过程中的每一个环节进行严格的监控和管理,以确保产品的安全性。

最后,质量与安全管理是普洱茶厂履行社会责任的体现。普洱茶产业是一个涉及农业、工业、商业等多个领域的综合性产业,其健康发展需要各个环节的协同合作。普洱茶厂作为产业链中的重要一环,有责任通过加强质量与安全管理,推动整个产业的健康发展,为消费者提供更加安全、优质的普洱茶产品。

二、制定质量方针和目标

在普洱茶产业的激烈竞争中,质量与安全始终是普洱茶厂立足于市场的根本。为了明确发展方向,提升产品品质,确保消费者的健康与安全,需要制定质量生产方针与质量目标,具体如下。

(一)普洱茶厂质量方针

普洱茶企业应致力于生产高品质、安全可靠的普洱茶产品,以满足客户的需求和期望。通过不断提升生产工艺和管理水平,确保茶叶从原料到成品的每一个环节都达到行业最高标准。同时,积极履行社会责任,推动普洱茶产业的可持续发展。

(二)普洱茶厂质量目标

1. 产品合格率

确保生产出的普洱茶产品合格率达到 99% 以上,最大限度地减少不合格产品流入市场的风险。

2. 客户满意度

通过定期的客户满意度调查,不断提高服务水平,确保客户满意度稳定在95% 以上。

3. 原料控制

严格筛选原料供应商,对其资质、信誉和产品进行全面审核,确保所有原料均符合国家和行业的质量安全标准,从源头上保证茶叶的纯净与高品质。

4. 持续改进

建立并持续完善质量管理体系,通过严谨的内部审核和管理评审机制,不断发现问题、解决问题，进而优化生产工艺和管理流程，确保普洱茶品质与安全的持续提升。

5. 员工培训

加强对员工的培训和教育，提高员工的质量意识和操作技能，确保每一个环节都能有效执行质量方针和质量目标。

6. 环境与社会责任

在生产过程中积极采取环保措施，降低能耗和减少废弃物排放。同时，关注社会公益事业，为社区和普洱茶产业的可持续发展作出贡献。

三、构建质量管理体系

构建质量管理体系是一个系统性、全面性的工作，需要从多个方面入手，确保组织在质量管理方面达到卓越水平。以下是对构建质量管理体系的详细阐述，从多个方面入手，确保全面覆盖。

（一）明确质量管理体系的范围和目标

要明确质量管理体系的范围和目标，包括确定哪些产品或服务将纳入质量管理体系，以及期望达到的质量水平。通过明确范围和目标，可以为后续的规划和实施指明方向，确保质量管理体系的有效性和针对性。

（二）建立质量管理组织结构

建立质量管理组织结构是构建质量管理体系的基础。这包括确定质量管理的职责和权限，建立质量管理部门，并明确各部门在质量管理体系中的角色和责任。同时，要确保质量管理体系与组织的整体战略和目标保持一致，促进各部门之间的协作和沟通。

（三）制定质量方针和政策

制定质量方针和政策是构建质量管理体系的重要步骤。质量方针是组织在质量管理方面的宗旨和方向，应体现组织的价值观和质量理念。质量政策是为实现质量方针而制定的具体措施和行动计划。通过制定质量方针和政策，可以为全体员工提供明确的质量导向，确保各项工作都符合质量管理体系的要求。

（四）规划和实施质量管理过程

规划和实施质量管理过程是构建质量管理体系的核心。这包括确定需要建立的质量管理过程，如产品设计、采购、生产、检验、销售等，并为每个过程制定详细的工作程序和标准。同时，要确保这些过程能够有效的协调和配合，实现质量管理的整体优化。此外，还要关注过程中的风险管理和预防措施，确保质量管理体系的稳定性和可靠性。

（五）强化员工培训，提升专业技能

人员是质量管理体系的关键因素。要加强人员的培训和能力提升，确保员工具备必要的技能和知识，能够胜任各自的工作岗位。同时，要培养员工的质量意识和责任感，使其能够积极主动地参与质量管理工作。通过强化人员培训和专业技能提升，可以为质量管理体系的有效运行提供有力的人才保障。

（六）建立质量监测和改进机制

建立质量监测和改进机制是构建质量管理体系的重要保障。通过定期的内部审核、管理评审以及客户满意度调查等手段，对质量管理体系的运行效果和业绩进行监测和测量。同时，要建立有效的信息反馈和沟通机制，及时发现问题并采取纠正措施。此外，还要鼓励员工提出改进意见和建议，持续改进质量管理体系的各个方面。

（七）强化质量管理体系的文化建设

文化建设是构建质量管理体系的长期任务。通过各种渠道和方式，宣传和推广质量管理的理念和方法，营造浓厚的质量文化氛围。同时，要将质量管理体系与组织的文化相结合，形成具有特色的质量管理体系文化。通过文化建设，可以增强员工对质量管理体系的认同感和归属感，提高质量管理的整体效果。

四、确定质量管理体系的要素和流程

（一）质量管理体系的要素

质量管理体系的要素是构成整个体系的基础和核心，每一个要素都承载着特定的功能和要求，共同确保茶厂能够提供稳定且高质量的产品和服务。以下将详细阐述质量管理体系的要素。

1. 管理职责

管理职责是质量管理体系中至关重要的要素，它涉及组织高层对质量管理的承诺和决策。需要明确其质量方针，为全体员工提供明确的指导。同时，制定可衡量的质量目标，这些目标应与组织的整体战略相一致，并将其分解为各部门和岗位的具体目标。高层管理者还应确保资源的合理分配，为质量管理体系的有效运行提供必要的支持。此外，建立沟通机制，使质量管理的相关信息能够在茶厂内部及时、准确地传递，促进各部门之间的协作和配合。

2. 资源管理

资源管理要素关注茶厂在实现质量目标过程中所需的各种资源，包括人力资源、基础设施、工作环境等。人力资源是质量管理的关键因素，茶厂要确保拥有足够数量和合适技能的人员来履行各项职责。这包括人员的招聘、培训、评估和激励等方面。基础设施是产品生产和服务提供所必需的物理资源，如设备、设施、信息系统等。茶厂应确保这些基础设施的可用性、可靠性和安全性。工作环境是指员工在执行工作时所处的条件，包括物理环境、心理环境和社会环境等。良好的工作环境有利于提高员工的工作效率和满意度。

3. 产品实现

产品实现要素涵盖了从产品策划到产品生产再到产品销售的整个过程。茶厂要明确顾客的需求和期望，并将其转化为具体的产品要求。通过产品设计和开发过程，将这些要求转化为实际的产品特性。在采购过程中，要确保供应商能够提供符合要求的原材料和零部件。在生产过程中，严格控制各种因素，确保产品的一致性和稳定性。通过销售和服务提供过程，将产品交付给顾客，并满足其后续的需求。

4. 测量、分析和改进

测量、分析和改进要素是质量管理体系持续优化的关键。茶厂需要建立有效的测量系统，对产品、过程和体系的绩效进行定期评估。这包括内部审核、顾客满意度调查、过程能力分析等。通过收集和分析数据，茶厂可以了解自身的优势和不足，识别改进的机会。针对发现的问题，采取纠正措施和预防措施，以避免类似问题的再次发生。同时，鼓励员工参与改进活动，提出改进建议，激发茶厂的创新活力。

（二）质量管理体系的流程

质量管理体系的流程主要包括以下几个阶段。

1．体系策划与设计阶段

这个阶段是质量管理体系建立的初期，主要包括教育培训、统一认识、茶厂落实、拟订计划，确定质量方针、制定质量目标、现状调查和分析，以及调整组织结构、配备资源等方面。

2．体系文件编制阶段

在体系策划与设计完成后，需要编制质量管理体系文件。这些文件包括质量手册、程序文件、作业指导书等，用于规范茶厂的质量管理活动。文件编制过程中，需要确保文件的准确性、完整性和可操作性，以便为质量管理体系的有效运行提供支持。

3．体系运行阶段

体系文件编制完成后，进入体系运行阶段。在这个阶段，茶厂应按照质量管理体系文件的要求，统筹安排茶厂各部门和人员开展质量管理活动。这包括明确职责和权限、进行过程管理、开展内部评审和审核等方面。通过体系的有效运行，可以确保产品和服务的质量，提高顾客满意度。

4．认证审核阶段

在体系运行一段时间后，茶厂可以申请进行质量管理体系认证审核。认证审核包括符合性审核（模拟审核）、认证前准备、认证机构现场审核、指导关闭不符合项、获得证书等过程。通过认证审核，可以评价茶厂的质量管理体系与标准的符合程度，确定是否颁发认证证书。

5．持续改进阶段

获得认证证书后，茶厂进入持续改进阶段。在这个阶段，茶厂需要根据审核和评审的结果，对质量管理体系进行持续改进和优化。这包括持续改进质量管理体系的各个方面，如优化过程、更新标准、提升员工能力等。通过持续改进，可以提高茶厂的质量管理水平和绩效。

五、实施质量管理措施

实施质量管理是确保茶厂提供高质量产品和服务的关键。为了有效地实施质量管理，茶厂需要采取一系列措施，这些措施涵盖了质量管理体系的各个方面，包括策划、实施、监控和改进等。以下将详细阐述实施质量管理的具体措施。

（一）明确质量方针和目标

茶厂要明确其质量方针和目标。质量方针是茶厂在质量管理方面的宗旨和方向，它为全体员工提供明确的指导，确保各项工作都符合质量管理体系的要求。质量目标是茶厂为实现质量方针而制定的具体、可衡量的指标。通过明确质量方针和目标，茶厂可以将质量管理的理念和要求传达给全体员工，激发员工对质量工作的热情和积极性。

在制定质量方针和目标时，茶厂应充分考虑其业务特点、市场需求和竞争态势等因素，确保方针和目标的合理性、可行性和有效性。同时，茶厂应将质量方针和目标分解为各部门和各岗位的具体目标，以便更好地实施和监控。

（二）建立质量管理体系

建立质量管理体系是实施质量管理的基础。茶厂应根据其业务特点和质量管理要求，建立符合标准要求的质量管理体系，包括质量手册、程序文件、作业指导书等。这些文件应明确茶厂的质量管理职责、流程、方法和要求，为质量管理工作提供有力的支持和保障。

在建立质量管理体系时，茶厂应注重体系的完整性、协调性和可操作性。完整性是指体系应覆盖茶厂质量管理的各个方面，确保无遗漏；协调性是指体系内各文件之间应相互协调、一致，避免矛盾和冲突；可操作性是指体系文件应具有实际操作性，方便员工理解和执行。

（三）加强人员培训和能力提升

人员是质量管理的关键因素。为了确保质量管理的有效实施，茶厂需要加强人员的培训和能力提升，包括对新员工进行入职培训，使他们熟悉茶厂的质量管理体系和岗位职责；对在岗员工进行定期培训，提高他们的专业技能和质量意识；对管理人员进行管理培训，提升他们的领导能力和质量管理水平。

在人员培训和能力提升过程中，茶厂应注重培训的针对性和实效性。针对性是指培训应根据员工的岗位需求和能力差距进行个性化设计，确保培训内容与员工的实际工作密切相关；实效性是指培训应注重效果评估，通过考试、实操等方式检验员工的学习成果，确保培训达到预期效果。

（四）强化过程管理和监控

过程是质量管理的核心。茶厂应对其关键过程进行识别、确认和控制，确保过程稳定、可控、有效。这包括明确过程的输入、输出和关键控制点，制订过程控制计划和措施，对过程进行定期的监控和测量等。

在过程管理和监控中，茶厂应注重预防为主和持续改进的原则。预防为主是指通过事先规划和控制，防止不合格品的发生和质量问题的出现；持续改进是指对过程进行不断优化和改进，提高过程的能力和效率。

（五）建立质量信息反馈和改进机制

为了及时了解质量管理的实施情况和发现存在的问题，茶厂需要建立质量信息反馈和改进机制。这包括建立质量信息收集、传递和处理流程，明确各部门和人员的职责和权限；定期开展质量分析会议，对收集到的质量信息进行汇总、分析和处理；针对发现的问题制定改进措施并实施跟踪验证等。

在建立质量信息反馈和改进机制时，茶厂应注重信息的准确性和及时性。准确性是指收集到的质量信息应真实、可靠、完整，能够客观反映实际情况；及时性是指质量信息应迅速传递和处理，以便及时发现问题并采取改进措施。

（六）实施内部审核和管理评审

内部审核和管理评审是实施质量管理的重要手段。通过内部审核，茶厂可以对其质量管理体系的符合性、有效性和适宜性进行评价，发现存在的问题并采取纠正措施；通过管理评审，茶厂可以对其质量管理体系的持续改进方向和目标进行决策和部署。

在实施内部审核和管理评审时，茶厂应注重客观性和公正性。客观性是指审核和评审应以事实为依据，避免主观臆断和偏见；公正性是指审核和评审应公平、公正地对待各部门和人员，确保审核和评审结果的公正性和可信度。

第三节　普洱茶厂安全管理体系建设

一、安全生产责任制落实

普洱茶，作为中国传统名茶之一，其生产过程不仅关乎文化传承，更与安全生产息息相关。普洱茶厂作为生产普洱茶的重要基地，其安全生产责任制的落实显得尤为重要。本节将从普洱茶厂安全生产责任制的意义、内容、实施及效果四个方面展开详细阐述。

（一）普洱茶厂安全生产责任制的意义

安全生产责任制是企业安全管理的基础和核心，对于普洱茶厂而言，其意义主要体现在以下几个方面：

第一，保障员工生命安全。普洱茶生产过程中，涉及茶叶采摘、加工、储存等多个环节，若操作不当或设备故障，都可能对员工生命安全造成威胁。因此，建立安全生产责任制，明确各级管理人员和员工的职责，有利于预防和减少生产安全事故的发生，保障员工的生命安全。

第二，提高普洱茶质量。普洱茶的质量与生产过程的安全卫生密切相关。实施安全生产责任制，可以规范生产流程，确保生产环境符合卫生标准，从而避免因污染、杂质等原因导致的茶叶质量问题。

第三，促进企业可持续发展。安全生产责任制的落实，有助于提升企业的安全管理水平，增强企业的风险抵御能力。同时，良好的安全生产环境有利于企业吸引和留住人才，提高员工满意度和忠诚度，为企业的可持续发展奠定坚实基础。

（二）普洱茶厂安全生产责任制的内容

1. 明确安全生产目标

普洱茶厂应制定明确的安全生产目标，如降低事故发生率、提高安全生产管理水平等，并将目标层层分解，落实到各部门、各岗位。

2. 建立健全安全生产组织机构

普洱茶厂应设立专门的安全生产管理部门，配备专职安全管理人员，负责安全生产的日常管理工作。同时，各级管理人员应明确自己的安全生产职责，形成全员参与的安全生产管理格局。

3. 制定安全生产规章制度

普洱茶厂应根据国家法律法规和行业标准，结合企业实际情况，制定完善的安全生产规章制度，包括安全操作规程、应急预案、事故报告与处理制度等。

4. 落实安全生产责任制考核与奖惩

普洱茶厂应建立安全生产责任制考核与奖惩机制，定期对各级管理人员和员工的安全生产职责履行情况进行考核，对表现优秀的给予奖励，对未履行职责的给予处罚。

（三）普洱茶厂安全生产责任制的实施

1. 加强安全生产宣传教育

普洱茶厂应定期开展安全生产宣传教育活动，提高员工的安全意识和安全技能。同时，通过悬挂标语、设置安全警示牌等方式，营造浓厚的安全生产氛围。

2. 严格执行安全生产规章制度

普洱茶厂应确保各项安全生产规章制度得到严格执行，对违反规章制度的行为及时予以纠正和处理。同时，定期对规章制度进行修订和完善，确保其适应公司生产发展的需要。

3. 强化安全生产监督检查

普洱茶厂应定期开展安全生产监督检查工作，对生产现场、设备设施、员工操作等方面进行全面检查，及时发现和整改存在的安全隐患。同时，鼓励员工积极参与安全生产监督检查工作，发挥群众的监督作用。

4. 落实事故报告与处理制度

普洱茶厂应建立健全事故报告与处理制度，对发生的安全生产事故及时报告、调查和处理。通过事故分析，总结经验教训，防止类似事故的再次发生。同时，对事故责任人进行严肃处理，以示警诫。

（四）普洱茶厂安全生产责任制落实的效果

1. 提高员工安全意识

通过安全生产责任制的落实和宣传教育活动的开展，员工的安全意识将得到提高，能够自觉遵守安全规章制度，减少违规操作行为。

2. 降低事故发生率

安全生产责任制的落实将强化企业的安全管理，提高生产现场的安全防范能力，从而有效地降低生产安全事故的发生率。

3. 提升普洱茶品质

安全的生产环境和规范的生产流程能够保证普洱茶的卫生质量和品质稳定性，提高消费者对企业的信任度和满意度。

4. 增强企业竞争力

安全生产责任制的落实将提升企业的整体管理水平和社会形象，使企业在激烈的市场竞争中占据有利地位。

二、安全风险辨识

在普洱茶的生产过程中，潜藏着许多安全风险。为了确保普洱茶的品质、生产安全以及消费者的健康，普洱茶厂必须对生产环节中的安全风险进行深入辨识。

（一）原料安全风险

普洱茶的原料主要来自茶园，原料的安全风险主要包括农药残留、重金属超标、有害微生物污染等。在茶叶种植过程中，若使用农药不当或过量，会导致农药残留在茶叶中，对人体健康造成威胁。此外，若茶园土壤中的重金属超标，也会被茶叶吸收，进而污染茶叶。有害微生物的污染则可能源于土壤、水源或采摘、运输过程中的不当操作。

（二）加工过程安全风险

普洱茶的加工过程包括杀青、揉捻、发酵、干燥等多个环节，每个环节都可能存在安全风险。例如，杀青过程中若温度过高或时间过长，会导致茶叶焦煳，产生有害物质。揉捻过程中若操作不当，可能使茶叶过度破碎，影响品质。发酵过程中若湿度、温度控制不当，可能引发有害微生物的滋生。干燥过程中若干燥不彻底，会使茶叶含水量过高，易发霉变质。

（三）储存安全风险

普洱茶的储存安全风险主要包括仓库环境、储存容器和储存时间等方面。仓库环境若湿度过高、温度过低或存在异味，都会影响茶叶的品质。储存容器若选择不当，如使用不透气的塑料袋或金属容器，会导致茶叶受潮、变质或产生异味。储存时间过长，则会使茶叶陈化过度，品质下降。

（四）生产设备安全风险

普洱茶生产设备的安全风险主要体现在设备的运行安全、清洁卫生以及维护保养等方面。设备的运行安全包括电气安全、机械安全等，若设备存在电气短路、机械故障等问题，可能会引发火灾、机械伤害等安全事故。设备的清洁卫生直接影响茶叶的卫生质量，若设备清洁不彻底，会导致茶叶受到污染。设备的维护保养不到位，会使设备性能下降，影响生产效率和茶叶品质。

（五）环境安全风险

普洱茶厂的环境安全风险主要包括厂房结构安全、通风系统安全、消防设施安全等。厂房结构若存在安全隐患，如承重墙开裂、屋顶漏水等，会影响生产安全。通风系统若设计不合理或维护不当，可能导致厂房内空气污浊，影响员工健康和茶叶品质。消防设施若配置不齐全或失效，一旦发生火灾，后果不堪设想。

三、安全风险防控措施

为了确保普洱茶的品质、保障生产安全以及消费者的健康，普洱茶厂必须采取有效的安全风险防控措施。本节将从原料、加工、储存、生产设备、环境方面，详细阐述普洱茶厂的安全风险防控措施。

（一）原料安全风险防控

1. 建立严格的原料验收制度

普洱茶厂应制定详细的原料验收标准，对原料的外观、色泽、气味、含水量等指标进行严格把关,确保原料符合生产要求。同时,建立原料追溯体系,对原料的来源、采摘时间、运输过程等信息进行记录,以便在出现问题时能够及时追溯。

2. 加强茶园管理

普洱茶厂应与茶园建立稳定的合作关系,指导茶园合理使用农药和化肥,确保茶叶的源头安全。定期对茶园进行巡查,了解茶叶的生长情况,及时发现并处理病虫害等问题。

3. 原料储存管理

原料进厂后,应按照不同品种、等级进行分类储存,避免混放。储存环境应保持干燥、通风、无异味,以防止原料受潮、霉变。定期对原料进行翻晒、通风,确保原料的品质稳定。

(二)加工过程安全风险防控

1. 制定详细的加工操作规程

普洱茶厂应制定详细的加工操作规程,包括杀青、揉捻、发酵、干燥等各个环节的操作要点和注意事项。对员工进行定期培训,确保员工熟练掌握加工技能,减少操作失误。

2. 设备清洁与维护

加工设备在使用前后应进行彻底的清洁和消毒,避免茶叶受到污染。定期对设备进行维护保养,确保设备处于良好运行状态。建立设备维修档案,对设备的维修情况进行记录,以便在出现问题时能够及时找到原因并加以解决。

3. 加工环境控制

加工车间应保持整洁、卫生,无杂物堆放。定期对车间进行消毒处理,杀灭有害微生物。严格控制车间的温度、湿度和通风情况,为茶叶加工提供适宜的环境条件。

4. 加工过程监控

在加工过程中,应设立关键控制点,对茶叶的品质进行实时监控。例如,在杀青环节,控制杀青机的温度和时间,避免茶叶焦煳;在揉捻环节,控制揉捻机的压力和速度,使茶叶达到理想的揉捻效果。

（三）储存安全风险防控

1. 仓库环境管理

普洱茶仓库应保持干燥、通风、无异味。定期对仓库进行清洁、消毒处理，杀灭有害微生物。在仓库内设置温湿度计和通风设备，确保仓库的温湿度符合茶叶储存要求。

2. 储存容器选择

储存普洱茶的容器应由透气性好、无异味的材料制成，如纸箱、陶罐等。避免使用不透气的塑料袋或金属容器，以免茶叶受潮、变质或产生异味。

3. 储存时间管理

普洱茶具有越陈越香的特点，但储存时间过长会导致茶叶陈化过度，品质下降。因此，普洱茶厂应根据茶叶的品种、等级和市场需求，合理确定储存时间。定期对储存的茶叶进行品质检测，及时发现并处理陈化过度的茶叶。

（四）生产设备安全风险防控

1. 设备选购与安装

普洱茶厂在选购生产设备时，应注重设备的质量和性能。选择具有稳定性、操作简便、安全可靠的设备。在安装设备时，应按照设备说明书的要求进行操作，确保设备安装正确、牢固。

2. 操作规程制定与执行

针对每台设备，普洱茶厂应制定详细的操作规程，包括设备的启动、运行、停机等各个步骤。对员工进行设备操作培训，确保员工熟练掌握设备操作技能。在设备运行过程中，应严格遵守操作规程，避免因操作不当引发安全事故。

3. 设备维护与保养

普洱茶厂应制订设备维护与保养计划，定期对设备进行巡检、保养。发现设备故障或隐患时，应及时进行维修处理。建立设备维修档案，记录设备的维修情况、更换的零部件等信息，为设备的后续维护提供参考。

（五）环境安全风险防控

1. 厂房结构安全

普洱茶厂应确保厂房结构稳固、无安全隐患。定期对厂房进行结构安全检查，发现裂缝、沉降等问题时，应及时进行修复处理。在厂房内部设置安全逃生通道，配置消防器材，确保员工在紧急情况下能够迅速撤离。

2．通风系统安全

普洱茶厂应建立完善的通风系统，确保厂房内空气流通、无异味。定期对通风设备进行检查、清洁和维护，保证其正常运行。在加工过程中，应根据茶叶的特点和加工要求，合理调整通风量，为茶叶加工提供适宜的通风条件。

3．消防设施安全

普洱茶厂应按照国家消防法规的要求，配置齐全的消防设施，如灭火器、消防栓、烟雾报警器等。定期对消防设施进行检查、保养和更换，确保其完好有效。普洱茶厂还应组织员工进行消防安全培训，提高员工的消防意识和应急处理能力。

四、安全培训与应急演练

为了确保普洱茶厂的生产安全、保障员工的生命健康，以及维护企业的正常运营，普洱茶厂必须重视安全培训与应急演练工作。

（一）安全培训

1．安全培训的重要性

安全培训是普洱茶厂防范安全风险的首要措施。通过安全培训，可以增强员工的安全意识，使员工充分认识到安全生产的重要性，自觉遵守安全操作规程。同时，安全培训还可以帮助员工掌握安全生产知识和技能，提高员工应对安全风险的能力。

2．安全培训的内容

（1）安全生产法律法规。培训员工了解国家和地方的安全生产法律法规，明确企业的安全生产责任和义务，增强员工的法律意识。

（2）安全操作规程。针对普洱茶厂的生产特点，制定详细的安全操作规程，并对员工进行培训，确保员工熟练掌握各个岗位的安全操作要点。

（3）安全生产知识。向员工普及安全生产基本知识，如电气安全、机械安全、消防安全等，提高员工的安全防范能力。

（4）应急救援知识。培训员工掌握基本的应急救援知识和技能，如心肺复苏、止血包扎等，以便在发生安全事故时能够及时进行自救和互救。

（二）应急演练

1．应急演练的必要性

应急演练是普洱茶厂应对安全风险的重要手段。通过定期的应急演练，可以检验企业的应急预案是否完善、可行，提高员工应对突发事件的能力，确保员工在发生安全事故时能够迅速、有效地进行应急处置。

2．应急演练的内容

（1）火灾应急演练。针对普洱茶厂可能发生的火灾事故，组织员工进行火灾应急演练，包括报警、疏散、灭火等环节，确保员工在火灾发生时能够迅速反应、有效处置。

（2）机械伤害应急演练。针对普洱茶厂机械设备可能造成的伤害事故，组织员工进行机械伤害应急演练，包括现场急救、伤员转运等环节，提高员工应对机械伤害事故的能力。

（3）触电应急演练。针对普洱茶厂电气设备可能造成的触电事故，组织员工进行触电应急演练，包括切断电源、现场急救等环节，确保员工在触电事故发生时能够正确处置、减少伤害。

（4）食品安全应急演练。针对普洱茶可能出现的食品安全问题，如微生物污染、有害物质超标等，组织员工进行食品安全应急演练，包括问题发现、报告、处置等环节，确保在食品安全问题发生时能够迅速响应、妥善处理。

（三）安全培训与应急演练的实施策略

为了确保安全培训与应急演练的有效性，普洱茶厂应采取以下实施策略。

1．制订详细的培训计划和演练方案

根据普洱茶厂的生产特点和安全风险状况，制订详细的安全培训计划和应急演练方案，明确培训内容和演练目标。

2．加强组织领导

普洱茶厂应成立安全培训与应急演练工作领导小组，明确各级管理人员的职责和任务，形成高效的工作机制。

3．注重培训实效

普洱茶厂应采用多种形式对员工进行培训，如理论讲解、案例分析、实际操作等，确保员工能够真正掌握安全生产知识和技能。

4．强化演练评估

在应急演练结束后，及时对演练过程进行评估和总结，分析存在的问题和不足，提出改进措施和建议，不断完善应急预案和提高员工的应急处置能力。

第六章　普洱茶厂技术与创新管理

第一节　普洱茶厂技术管理

一、普洱茶厂技术管理的背景与重要性

（一）普洱茶厂技术管理的背景

普洱茶厂技术管理的背景主要基于普洱茶行业的特殊性以及市场竞争的需求。

首先，普洱茶作为一种具有独特风味和保健功能的茶类，其生产工艺复杂且要求严格。为了确保普洱茶的品质和安全性，茶厂需要对原料、加工工艺、设备以及产品质量等各个环节进行精细化的技术管理。

其次，随着普洱茶市场的不断扩大和竞争的加剧，消费者对普洱茶的品质要求也越来越高。茶厂需要通过技术管理来提升产品的品质和竞争力，以满足市场需求并赢得消费者的信任。

最后，技术管理是普洱茶厂实现可持续发展的重要保障。通过技术管理，茶厂可以降低生产成本、提高生产效率、减少环境污染等，从而实现经济效益和环境效益的"双赢"。

（二）普洱茶厂技术管理的重要性

1. 保证普洱茶品质

普洱茶具有独特的风味和品质特点，而这些特点的形成与茶厂的技术管理

密切相关。从原料的采摘、加工到成品的贮存，每一个环节都需要精细化的技术控制，以确保普洱茶的品质稳定。

2．提高生产效率

茶厂通过技术管理对生产流程进行优化和改进，可以提高普洱茶的生产效率。例如，引入先进的加工设备和技术，优化生产布局和工艺流程，可以降低生产成本，提高产能和效率。

3．促进技术创新

技术管理是普洱茶厂技术创新的基础和保障。通过鼓励技术研发和创新投入，茶厂可以不断推出新产品、新工艺和新技术，以满足市场需求，提升竞争力。

4．保障食品安全

普洱茶作为食品类商品，其安全性至关重要。茶厂通过技术管理对原料、加工过程、成品检验等环节进行严格控制，可以确保普洱茶的食品安全指标符合国家标准和消费者要求。

5．推动可持续发展

技术管理有助于推动普洱茶厂的可持续发展。通过引入环保技术、节能降耗以及资源循环利用等措施，茶厂可以减少其对环境的负面影响，实现经济效益和环境效益的统一。

二、普洱茶厂技术管理概述

（一）技术管理的定义

普洱茶厂技术管理是指在普洱茶的生产过程中，通过科学、系统、规范的方法对生产技术活动进行计划、组织、协调、控制和优化，以达到提高产品质量、提升生产效率、降低生产成本、保障食品安全和推动技术创新等目的的一系列管理活动。它涵盖了从原料采摘、加工、贮存到成品出厂各个环节的技术要求和操作规范，是普洱茶厂生产管理的重要组成部分。通过技术管理，普洱茶厂能够确保茶产品的稳定性和一致性，满足市场和消费者的需求，提升企业的竞争力和可持续发展能力。

（二）普洱茶厂技术管理的特点

普洱茶厂技术管理具有独特的特点，这些特点不仅体现在技术层面，还涉及管理理念、实际操作等多个方面。以下是对普洱茶厂技术管理特点的详细阐述。

1. 综合性与系统性

普洱茶厂技术管理是一项综合性极强的管理工作。它涵盖了从茶园管理、原料采摘、加工工艺、设备维护到产品包装、贮存、销售等整个生产链条。这意味着技术管理人员需要具备跨学科的知识背景，能够综合运用农学、食品科学、机械工程、市场营销等多个学科的理论和技术来指导实际工作。

普洱茶厂技术管理具有系统性。各个环节之间并不是孤立的，而是相互关联、相互影响的。例如，原料的质量直接影响产品的品质，加工工艺的优劣又决定了原料能否被充分利用，设备的运行状态则关系到生产效率和产品稳定性。因此，技术管理人员需要树立全局观念，注重各环节之间的协调与配合，确保整个生产系统的顺畅运行。

2. 规范性与创新性

普洱茶厂技术管理强调规范性，主要体现在两个方面：一是技术标准的制定与执行，二是操作流程的规范化。普洱茶作为一种具有悠久历史和独特品质风格的茶类，其生产技艺经过长期的积累和总结，形成了一套相对完善的技术标准体系。这些标准不仅确保了普洱茶品质的稳定性，也为技术创新提供了基础。

在遵循传统的基础上，普洱茶厂技术管理也注重创新性。随着科技的进步和市场的变化，传统的生产方式和技术已经不能完全满足现代消费者的需求。因此，普洱茶厂需要不断探索新技术、新工艺和新设备，以提升产品品质、降低生产成本、提高生产效率。这种创新不仅体现在产品层面，还包括对管理理念、组织模式等方面的创新。

3. 动态性与前瞻性

普洱茶市场是一个充满变化的市场。消费者需求、竞争格局、政策法规等因素都在不断地发生变化。这就要求普洱茶厂技术管理具有动态性，能够根据市场变化及时调整生产策略和技术方案。

此外，普洱茶厂技术管理还具有前瞻性。技术管理人员需要密切关注行业发展动态和技术进步趋势，提前预测未来可能的技术变革和市场机遇。通过前瞻性的技术研发和创新投入，茶厂可以在未来竞争中占据有利地位。

4. 以人为本与可持续发展

普洱茶厂技术管理强调以人为本。这主要体现在对员工的培训和教育上。

技术管理人员要重视员工的技能培训和素质提升，通过定期开展技术培训、经验交流等活动，提高员工的技术水平和创新能力。同时，茶厂还需要营造良好的工作氛围和构建激励机制，激发员工的工作积极性和创造力。

普洱茶厂技术管理注重可持续发展。这主要体现在资源利用、环境保护和社会责任等方面。茶厂需要通过技术创新和改进来实现资源的合理利用和循环利用，降低生产过程中的能耗，减少对环境的负面影响。同时，茶厂还需要积极履行社会责任，关注员工福利和社区发展，实现经济效益和社会效益的共赢。

（三）普洱茶厂技术管理的要求

普洱茶厂技术管理的要求是确保普洱茶生产全过程的技术规范性、科学性、安全性和创新性，以满足市场需求，提升产品品质，保障食品安全，并实现可持续发展。

1. 技术规范性要求

普洱茶厂技术管理首先要求遵循技术规范。这包括制定和执行严格的生产技术标准、工艺流程和操作规范。从原料的采摘、加工、贮存到产品的包装、运输等每一个环节，都需要有明确的技术标准和操作要求。这些标准和要求应基于普洱茶的独特品质特征和食品安全标准制定，确保产品的品质和安全性。

同时，普洱茶厂应建立完善的质量管理体系，对生产过程进行全面监控和管理。通过定期的质量检查、评估和改进，及时发现并解决问题，确保产品质量的稳定性和持续提升。

2. 科学性要求

普洱茶厂技术管理要求具有科学性。这包括运用现代科学技术和方法进行生产管理、工艺改进和产品研发。例如，引入先进的生产设备和技术，提高生产效率和产品品质；应用生物技术、食品工程等现代科技手段，提升普洱茶的功能性和健康价值；利用大数据、人工智能等信息技术，实现生产过程的智能化和精细化管理。

科学性还要求普洱茶厂注重科学研究和技术创新。通过与科研机构、高校等合作，开展普洱茶的基础研究和应用研究，探索新的生产工艺和技术路线，推动普洱茶产业的科技进步和升级。

3．安全性要求

普洱茶厂技术管理对安全性有着极高的要求。这包括原料安全、生产过程安全和产品安全三个方面。

原料安全要求普洱茶厂严格把控原料来源，确保原料符合食品安全标准，无农药残留、重金属超标等问题。生产过程安全要求茶厂建立完善的安全生产管理制度，对生产设备、工艺流程、人员操作等进行全面安全管理；防范生产事故的发生。产品安全要求茶厂确保产品的卫生和质量符合国家标准和消费者要求，无有害物质超标、微生物污染等问题。

4．创新性要求

普洱茶厂技术管理要求具有创新性，包括技术创新、管理创新和文化创新三个方面。

技术创新要求普洱茶厂不断探索新的生产工艺、技术和设备，提高生产效率和产品品质。例如，研发新的发酵技术、提取工艺和包装材料，提升普洱茶的口感和保健功能。管理创新要求茶厂引入现代管理理念和方法，优化组织结构、改进生产流程、提升员工素质等，提高管理效率和企业竞争力。文化创新要求普洱茶厂在传承和弘扬普洱茶文化的基础上，注入现代元素和时尚理念，推动普洱茶文化的创新和发展。

（四）技术管理在普洱茶厂生产流程中的应用

技术管理在普洱茶厂生产流程中的应用是全方位的，它涉及从原料采摘到成品出厂的每一个环节，具体应用包括以下几个方面。

1．原料选择与采摘

技术管理首先应用于原料的选择与采摘环节。普洱茶的品质与原料的优劣有着密切的关系，因此，茶厂需要通过技术管理，对原料的产地、品种、采摘时间等进行严格控制，确保原料的质量符合生产要求。

2．加工工艺控制

普洱茶的加工工艺复杂且独特，包括杀青、揉捻、发酵、干燥等多个环节。技术管理在这些环节中的应用主要体现在对工艺参数的精确控制，如温度、湿度、时间等，以及对加工设备的维护和更新，确保设备的正常运行和加工效率。

3．发酵与陈化

普洱茶的发酵和陈化过程是形成其独特风味的关键环节。通过技术管理，茶厂可以对发酵的环境条件（如温度、湿度、通风等）进行精确控制，以及对陈化时间进行合理规划，从而确保普洱茶品质和口感的稳定性。

4．质量检验与监控

在普洱茶生产的每个环节中，技术管理同样渗透于质量检验与监控过程。为确保生产出的产品符合国家及企业内部标准，茶厂必须建立一套完善的质量检测体系。这意味着从原材料开始，直至半成品和最终成品，每个阶段均需接受定期的质量检验与严密的监控。

5．贮存与包装

普洱茶的贮存和包装是生产流程中的重要环节。通过技术管理，茶厂可以对贮存环境（如温度、湿度、光照等）进行精确控制，防止茶叶的变质和损坏。同时，茶厂还需要对包装材料和包装工艺进行选择和优化，确保包装的美观性和实用性。

三、普洱茶厂技术管理的核心内容

（一）原料技术管理

普洱茶厂技术管理中的原料管理是至关重要的一个环节，它直接关系到最终产品的品质和市场竞争力。原料是普洱茶生产的起点，只有优质的原料才能生产出高品质的普洱茶。下面将对普洱茶厂技术管理中的原料管理进行详细阐述。

1．原料采购管理

普洱茶厂的原料采购是生产的第一步，也是决定产品品质的关键环节。在采购过程中，茶厂需要建立完善的供应商评估体系，对供应商的信誉、生产能力、质量保障体系等进行全面考察和评估。同时，茶厂还需要与供应商建立长期稳定的合作关系，确保原料的稳定供应和质量可控。

在采购原料时，茶厂需要制定明确的采购标准，包括原料的品种、产地、采摘时间、外观质量等指标。采购人员需要具备一定的茶叶专业知识和鉴别能力，能够根据采购标准对原料进行准确判断。此外，茶厂还需要对采购的原料进行严格的质量检验和入库管理，确保原料的质量和数量符合生产要求。

2．原料贮存管理

普洱茶的原料在贮存过程中容易发生质量变化，因此，贮存管理也是原料技术管理中的重要环节。茶厂需要建立专门的原料仓库，对原料进行分类、分区存放，并设置明显的标识。同时，仓库需要保持干燥、通风、无异味等良好的贮存环境，防止原料出现受潮、发霉、变质等问题。

在贮存过程中，茶厂还需要对原料进行定期的质量检查和评估，及时发现和处理潜在的质量问题。对于不同批次、不同产地的原料，茶厂还需要进行分开存放和管理，确保原料的批次清晰、可追溯。

3. 原料加工前处理

在原料投入生产前，茶厂还需要对原料进行必要的加工前处理。这包括原料的筛选、清洗、晾干等环节。筛选的目的是去除原料中的杂质和不合格部分，保证原料的纯净度。清洗是为了去除原料表面的灰尘和污垢，减少微生物的污染。晾干是为了控制原料的水分含量，便于后续的加工过程。

加工前处理环节虽然看似简单，但对最终产品的品质有着重要影响。因此，茶厂需要重视这一环节，并制定详细的操作规程和质量标准，确保原料的处理效果符合生产要求。

4. 原料使用管理

在普洱茶的生产过程中，原料的使用管理也是至关重要的。茶厂需要建立完善的原料使用记录制度，对原料的投入量、使用时间、使用批次等进行详细记录。这不仅可以确保生产过程的可追溯性，还可以为后续的质量分析和改进提供有力依据。

同时，茶厂还需要根据生产计划和产品配方，合理安排原料的使用顺序和比例。在使用过程中，操作人员需要严格按照工艺要求和操作规程进行操作，避免浪费和污染。对于剩余的原料和废料，茶厂还需要进行妥善处理和回收，减少环境污染和资源浪费。

（二）加工工艺技术管理

普洱茶，作为中国茶文化的重要代表之一，其独特的加工工艺不仅赋予了其独特的色、香、味，更蕴含了深厚的文化内涵。随着科技的进步和消费者需求的变化，普洱茶的加工工艺也在不断地创新和改进。

1. 现代普洱茶加工技术创新

随着科技的进步和消费者对普洱茶品质需求的提高，现代普洱茶加工技术在传统工艺的基础上进行了许多创新。

（1）机械化与自动化。现代普洱茶加工过程中，大量使用机械化和自动化设备替代传统的手工操作，如自动化萎凋设备、连续式杀青机、揉捻机等。这些设备的应用不仅提高了生产效率，还降低了劳动强度，保证了茶叶品质的稳定性。

（2）数控技术。数控技术的应用使得普洱茶在加工过程中的温度、湿度、时间等参数控制更加精确。例如，通过数控杀青机和数控揉捻机，可以实现杀青温度和揉捻力度的精确控制，确保茶叶品质的均一性。

（3）微生物发酵技术。现代微生物发酵技术的应用为普洱茶发酵过程提供了更多的可能性。通过筛选和培育特定的微生物菌种，可以实现普洱茶发酵过程的定向调控，产生更加丰富的香气和滋味。

（4）智能化技术。智能化技术的应用使得普洱茶加工过程更加智能化和可控。例如，通过智能化控制系统，可以实现加工过程的实时监测和自动调整，确保茶叶品质的稳定性和一致性。

2．加工工艺优化与改进

为了满足消费者对高品质普洱茶的需求，加工工艺的优化与改进成为普洱茶产业发展的重要方向。

（1）原料优化。优质的原料是普洱茶品质的基础。通过选择优良品种的茶树、提高茶园管理水平、加强采摘标准等措施，可以提高原料的品质和内含物质的丰富性，为后续加工奠定良好基础。

（2）工艺参数优化。通过对传统工艺参数进行优化和调整，可以实现普洱茶品质的进一步提升。例如，通过调整杀青温度和时间、揉捻力度和方式等的参数，可以使茶叶的色泽更加鲜亮、香气更加浓郁、滋味更加醇厚。

（3）发酵技术创新。发酵是普洱茶形成独特风味的关键环节。通过创新发酵技术，如固态发酵、液态发酵等新型发酵方式的应用，可以实现普洱茶风味的多样化和个性化。

（4）环保与节能。在普洱茶加工过程中，应注重环保与节能。通过采用环保材料和设备、优化能源利用方式等措施，可以降低加工过程中的能耗和减少废弃物排放量，实现绿色、可持续发展。

（三）设备技术管理

普洱茶厂的设备技术管理是确保茶叶加工顺利进行、提高生产效率和产品质量的重要环节。它涉及设备的选择、采购、安装、调试、使用、维护、修理、更新和报废等多个方面。以下是设备技术管理的详细内容。

1. 设备选择与采购

设备选择与采购是设备技术管理的起点，它直接关系到普洱茶厂的生产能力和产品质量。在选择设备时，普洱茶厂需要考虑以下几个方面：

（1）设备的性能。设备的性能要能满足普洱茶加工的需求，包括加工能力、加工精度、稳定性等。

（2）设备的可靠性。设备的可靠性是指设备在规定条件下和规定时间内，完成规定功能的能力。普洱茶厂需要选择那些经过长期使用验证、故障率低的设备。

（3）设备的易用性。设备的操作是否简便、易懂，是否便于维护和保养，对于提高工作效率具有重要意义。

（4）设备的经济性。设备的经济性即设备的价格是否合理，是否符合普洱茶厂的预算要求。同时，还需要考虑设备的运行成本、维护成本等因素。

2. 设备安装与调试

设备安装与调试是设备技术管理的重要环节，它直接影响设备的正常使用和加工效果。在安装设备时，普洱茶厂需要确保设备安装在平整、稳固的基础上，并按照设备供应商提供的安装说明进行操作。在安装过程中，还需要注意设备的安全防护措施，确保操作人员的安全。

设备安装完成后，需要进行调试工作。调试的目的是检查设备的各项性能指标是否符合要求，以及设备是否能够正常运行。在调试过程中，普洱茶厂需要组织专业技术人员进行操作，并按照设备供应商提供的调试步骤进行操作。同时，还需要记录调试过程中的各项数据，为设备的后续使用和维护提供依据。

3. 设备使用与维护

设备使用与维护是设备技术管理的核心工作，其直接关系到设备的寿命和加工效果。在使用设备时，普洱茶厂需要制定严格的操作规程和安全制度，确保操作人员按照规定的步骤进行操作。同时，还需要对操作人员进行培训，提高他们的操作技能和安全意识。

在设备维护方面，普洱茶厂需要制订完善的维护计划和保养制度。维护计划包括定期检查、清洗、润滑、紧固等常规维护工作，以及针对设备易损件的定期更换工作。保养制度包括设备的日常保养、一级保养、二级保养等保养级别，以及对应的保养内容和保养周期。通过执行维护计划和保养制度，可以确保设备始终处于良好的工作状态，还可以延长设备的使用寿命。

此外，普洱茶厂还需要建立设备档案，记录设备的购置、安装、调试、使用、维护、修理、更新和报废等全过程的信息。设备档案是设备管理的重要依据，可以为设备的后续管理提供有力的支持。

4. 设备修理与更新

设备在使用过程中难免会出现故障或磨损，这时就需要进行设备修理或更新。设备修理是指对出现故障或磨损的设备进行修复或更换部件，以恢复其正常功能。设备更新是指用新的设备替代已经陈旧或过时的设备，以提高生产效率和产品质量。

在进行设备修理或更新时，普洱茶厂需要组织专业技术人员进行评估和决策。评估的内容包括设备的故障原因、修理或更新的成本、对生产的影响等因素。决策的目标是在保证生产顺利进行的前提下，选择最经济、最合理的修理或更新方案。

5. 设备报废管理

设备在使用一定年限或达到报废标准后，需要进行报废处理。设备报废管理是指对报废设备进行清理、处置和回收利用等工作的管理。在进行设备报废管理时，普洱茶厂需要遵循国家相关法律法规和企业内部管理制度的要求，确保报废设备的处理符合环保和安全要求。同时，还需要对报废设备进行评估，确定其是否有回收利用的价值。如果有回收利用的价值，则需要通过拍卖、转让等方式进行处置；如果没有回收利用的价值，则需要按照相关规定进行报废处理。

（四）产品质量控制技术

普洱茶厂技术管理核心内容中的质量控制技术，是确保普洱茶产品从原料到成品始终保持高品质的关键环节。下面将详细阐述质量控制技术所包含的内容。

1. 原料质量控制

原料是普洱茶品质的基础，因此对原料质量进行控制至关重要。普洱茶厂需要严格筛选原料，确保其来自优质的茶园，并符合相关的质量标准，包括对原料的外观、香气、口感、含水量、农药残留等指标进行检测和评估。只有符合要求的原料才能进入生产环节，从源头上保证产品的质量。

2．生产过程中的质量控制

（1）加工工艺控制。普洱茶加工过程中，各个环节的工艺参数都对最终产品品质有着重要影响。因此，普洱茶厂需要对加工工艺进行严格控制，确保每个环节都按照既定的工艺参数进行操作。这包括对杀青温度、揉捻力度、发酵时间等关键参数的控制。

（2）环境卫生控制。普洱茶加工过程中，环境的卫生状况直接影响产品的微生物指标和安全性。普洱茶厂需要制定严格的环境卫生管理制度，定期对生产车间、设备、工具等进行清洗和消毒，确保生产环境的清洁卫生。

（3）质量检测与监控。在生产过程中，普洱茶厂需要建立和完善质量检测与监控体系。这包括对原料、半成品和成品进行定期抽样检测，确保产品质量符合相关标准和客户要求。同时，还需要对生产过程中的关键控制点进行实时监控，及时发现并处理潜在的质量问题。

3．成品质量控制

成品质量控制是普洱茶质量控制的最后一道关卡。在这一环节，普洱茶厂需要对成品进行全面的质量检测，包括外观、香气、口感、汤色、叶底等指标。只有符合企业标准和相关法规要求的成品才能出厂销售。此外，普洱茶厂还需要对成品进行留样观察，以便在必要时进行质量追溯和问题分析。

4．质量追溯与问题处理

为了实现对普洱茶质量的全面控制，普洱茶厂需要建立和完善质量追溯体系。这包括对原料、生产过程、成品等各个环节的信息进行记录和保存，以便在出现质量问题时能够迅速追溯至问题的源头。同时，普洱茶厂还需要建立问题处理机制，对发现的质量问题进行及时分析、处理和改进，防止类似问题再次发生。

5．质量培训与意识提升

质量控制技术的有效实施离不开员工的参与和支持。因此，普洱茶厂需要定期开展质量培训，提高员工的质量意识和操作技能。培训内容包括质量管理理念、质量控制方法、质量标准解读等方面。通过培训，可以使员工充分认识到质量的重要性，并自觉地将质量控制要求落实到日常工作中。

四、普洱茶厂技术管理的实施与保障

要想确保普洱茶品质的稳定和提升，离不开科学、系统的技术管理。普洱茶厂技术管理的实施与保障，就是指一套涵盖了多方面、多层次、全过程的综合性管理体系。下面将详细阐述其内容。

（一）技术管理的实施

1. 制定技术标准与规范

普洱茶厂首先应根据国家相关标准、行业规范以及企业实际情况，制定出一套完善的技术标准与规范。这些标准与规范应涵盖原料采购、加工工艺、产品检测、包装储存等各个环节，为生产提供明确的指导。

2. 设立技术管理部门

普洱茶厂应设立专门的技术管理部门，负责技术标准的制定、实施和监督。该部门应由具有丰富经验和专业知识的技术人员组成，确保技术管理的专业性和有效性。

3. 实施技术培训与指导

普洱茶厂应定期对员工进行技术培训，提高员工的技术水平和操作能力。培训内容包括原料识别、加工工艺控制、设备操作与维护等。同时，技术管理部门还应深入生产一线，对员工进行现场指导和解答疑问，确保技术标准的正确实施。

4. 加强技术研发与创新

普洱茶厂应重视技术研发与创新，不断引进新技术、新工艺和新设备，提高生产效率和产品质量。同时，茶厂还应鼓励员工提出改进意见和建议，激发全员创新活力。

（二）技术管理的保障

1. 完善质量管理体系

普洱茶厂应建立和完善质量管理体系，确保从原料到成品的全过程质量控制。这包括设立质量检测部门、制定质量检测标准和方法、实施定期和不定期的质量检测等。通过质量管理体系的有效运行，可以及时发现和解决质量问题，确保产品质量的稳定性。

2. 强化设备管理与维护

设备是普洱茶生产的重要基础，设备管理与维护的好坏直接影响生产效率和产品质量。普洱茶厂应建立和完善设备管理制度，对设备进行定期检查、保养和维修，确保设备的正常运行和延长使用寿命。同时，还应加强对设备操作人员的培训和管理，提高其设备操作水平和安全意识。

3. 加强原料与供应链管理

原料是普洱茶品质的基础，供应链管理是确保原料质量和供应稳定性的关键。普洱茶厂应制定严格的原料采购标准和程序，对供应商进行严格的筛选和评估。同时，还应加强与供应商的合作与沟通，实施供应链的协同管理和优化，确保原料的质量和供应的及时性。

4. 营造良好的企业文化氛围

良好的企业文化氛围是技术管理有效实施的重要保障。普洱茶厂应倡导质量第一、技术领先、持续创新等核心价值观，营造积极向上、团结协作的工作氛围。同时，还应加强对员工的思想教育和职业道德培养，提高员工的责任意识和敬业精神。

第二节　普洱茶厂创新管理

一、普洱茶厂创新管理的原则

（一）市场导向原则

普洱茶厂的创新管理应以市场需求为导向，密切关注市场动态和消费者需求变化，将市场需求作为创新的重要驱动力。通过市场调研和消费者反馈，不断开发符合市场要求的新产品，满足消费者的多元化需求。

（二）技术创新原则

普洱茶厂应当重视技术革新，持续引入前沿技术、先进工艺和新型设备，以提高生产效率并确保产品品质的卓越。这样做不仅有助于保持企业的市场竞争力，还能为消费者带来更加优质的普洱茶产品体验。

（三）持续改进原则

创新管理是一个持续改进的过程，普洱茶厂应建立和完善创新管理体系，不断评估创新效果，持续优化创新策略和管理流程。通过持续改进，不断提升企业的创新能力和市场竞争力。

（四）员工参与原则

普洱茶厂应鼓励员工积极参与创新管理，充分发挥员工的创造力。通过建立创新激励机制，为员工提供创新平台和支持，激发员工的创新热情和积极性。

（五）风险防控原则

创新过程中存在一定的风险，普洱茶厂应建立和完善风险防控机制，对创新项目进行风险评估和预测，制定风险应对措施，降低创新风险对企业的影响。

二、普洱茶厂创新管理的内容

（一）创新思维与理念

在普洱茶厂的运营与发展中，培养创新意识、引入创新理念与方法以及鼓励员工参与创新，是构建企业创新体系、推动企业持续创新的关键要素。以下将针对这三个方面展开详细阐述。

1．培养创新意识

培养创新意识是普洱茶厂创新管理的第一步。创新意识是指企业员工对创新活动的认知、态度和价值取向，它直接影响企业的创新行为和创新成果。

首先，普洱茶厂需要通过各种途径向员工灌输创新意识，让员工认识到创新对于企业发展的重要性和必要性。这可以通过组织创新培训、分享创新案例、宣传创新成果等方式实现。通过这些活动，员工可以了解到创新不仅是技术研发部门的职责，还是每个员工都应该积极参与的过程。

其次，普洱茶厂需要营造一种鼓励创新、允许失败的文化氛围，让员工敢于创新，愿意创新。创新过程中难免会遇到失败和挫折，如果企业不能容忍失败，员工就会对创新产生恐惧和抵触心理。

最后，普洱茶厂需要将创新意识融入企业的日常管理中。创新意识的培养不是一蹴而就的，而是需要长期的坚持和积累。普洱茶厂需要将创新意识融入企业的战略规划、制度建设、流程设计等各个环节中，让员工在日常工作中时刻保持对创新的敏感性和主动性。

2. 引入创新理念与方法

引入创新理念与方法是普洱茶厂创新管理的核心环节。创新理念是指企业在创新过程中坚持的核心价值观和思想观念，创新方法则是实现创新的具体手段和途径。

首先，普洱茶厂需要引入先进的创新理念。这包括用户至上、开放合作、持续改进等理念。用户至上理念要求企业在创新过程中始终以用户需求为导向，确保创新成果能够真正满足市场需求。开放合作理念要求企业积极与外部合作伙伴进行交流和合作，共同推动行业发展。持续改进理念要求企业不断优化和完善自身的创新体系和管理流程，提高创新效率和质量。

其次，普洱茶厂需要掌握有效的创新方法。这包括市场调研、竞品分析、头脑风暴、原型设计等方法。市场调研和竞品分析可以帮助企业了解市场动态和竞争对手情况，为创新提供有力支持。头脑风暴和原型设计可以激发员工的创造力和想象力，推动创新想法的产生和实现。

最后，普洱茶厂需要将创新理念与方法融入企业的日常运营中。通过制订创新计划、设立创新项目、组建创新团队等方式，企业可以将创新理念与方法具体化为可操作的任务和目标，推动创新活动的顺利开展。

3. 鼓励员工参与创新

鼓励员工参与创新是普洱茶厂创新管理的重要保障。员工是企业创新的主体和动力源泉，只有充分发挥员工的创造力和创新精神，才能实现企业的持续创新和发展。

首先，普洱茶厂需要建立创新激励机制。通过设立创新奖励、提供创新资源支持、给予创新项目优先权等方式，企业可以激发员工的创新热情和积极性，推动员工主动参与创新活动。

其次，普洱茶厂需要为员工提供创新平台和机会。这可以通过建立创新实验室、设立创新基金、组织创新竞赛等方式实现。通过这些平台和机会，员工可以充分展示自己的才华和创意，在实现个人价值的同时推动企业发展。

最后，普洱茶厂需要注重对员工创新能力和素质的培养。通过组织创新培训、提供创新指导、鼓励员工参加行业交流活动等方式，企业可以提升员工的创新能力和素质水平，为企业的持续创新提供有力保障。同时，企业还应关注员工的职业发展路径和晋升通道，确保员工在创新过程中能够获得相应的回报和认可，进一步激发员工的创新潜力。

（二）产品创新

在普洱茶厂的创新管理中，产品创新是至关重要的一环。通过不断推出新产品、扩展和升级产品线以及开发定制化和个性化的产品，普洱茶厂可以满足市场的多元化需求，提升品牌影响力和市场竞争力。以下将针对新产品开发策略、产品线扩展与升级以及定制化与个性化产品开发三个方面展开详细阐述。

1. 新产品开发策略

新产品开发策略是普洱茶厂实现产品创新的核心。一个成功的新产品开发策略需要综合考虑市场需求、竞争态势、技术趋势和企业资源等多个因素。

一方面，普洱茶厂需要进行深入的市场调研，了解消费者的需求和偏好。通过市场调研，企业可以获取消费者对普洱茶的口感、品质、包装、价格等方面的期望，为新产品开发提供有力的市场依据。另一方面，普洱茶厂需要关注行业内的技术发展趋势，及时引进新技术、新工艺和新设备。新技术的应用可以提升产品的品质和口感，降低生产成本，提高生产效率，从而增强新产品的市场竞争力。

在制定新产品开发策略时，普洱茶厂还需要考虑自身的资源和能力。企业应根据自身的技术实力、生产规模、销售渠道等来确定新产品的开发方向和目标。同时，企业还需要评估新产品的开发风险和收益，确保新产品开发策略的可行性和营利性。

2. 产品线扩展与升级

产品线扩展与升级是普洱茶厂实现产品创新的一种重要方式。随着市场需求的不断变化和竞争的加剧，普洱茶厂需要不断扩展和升级产品线，以满足消费者的多元化需求。

产品线扩展是指企业增加新的产品品种或规格，以覆盖更广泛的市场需求。通过扩展产品线，企业可以扩大市场份额，拓宽销售渠道和收入来源。

产品线升级是指企业通过提升现有产品的品质、口感或包装等，以提高产品的附加值和市场竞争力。例如，普洱茶厂可以采用更优质的原料、更精细的加工工艺或更环保的包装材料来提升产品的品质和形象。通过产品线升级，企业可以巩固现有市场地位，提高品牌知名度和美誉度。

3. 定制化与个性化产品开发

随着消费者需求的日益多样化和个性化，定制化与个性化产品开发成为普洱茶厂实现产品创新的重要途径。定制化产品是指企业根据消费者的特定需求或偏好，为其量身打造的产品。个性化产品是指企业针对消费者的个性特征和需求差异，提供具有独特性和差异性的产品。

普洱茶厂可以通过与消费者进行深度互动和沟通，了解消费者的个性化需求和偏好，然后利用柔性生产技术和定制化服务，为消费者提供定制化的普洱茶产品。

同时，普洱茶厂还可以通过开发个性化产品来满足消费者的差异化需求。例如，企业可以推出具有独特口感、独特包装或独特功能的普洱茶产品，以吸引消费者的注意力和激发消费者的购买欲望。通过个性化产品的开发，企业可以打破市场同质化竞争的局面，提升品牌影响力和市场竞争力。

（三）工艺创新

在普洱茶厂的运营与发展中，工艺创新是提升产品品质、提高生产效率、降低能源消耗的重要手段。下面将针对工艺流程优化、节能减排技术应用、自动化与智能化改造三个方面展开详细阐述。

1. 工艺流程优化

工艺流程优化是普洱茶厂工艺创新的核心环节。普洱茶厂可以通过对现有工艺流程进行全面分析，找出存在的"瓶颈"和问题，并采取有效的优化措施，以提升工艺流程的效率和稳定性。

一方面，普洱茶厂需要对茶叶的采摘、加工、储存等环节进行优化。通过精选优质原料、改进加工工艺、优化储存条件，可以提高原料的品质和利用率，为后续的产品生产奠定良好基础。另一方面，普洱茶厂需要对产品的生产流程进行优化。这包括优化生产线的布局、调整生产设备的配置、改进生产工艺等。通过生产流程的优化，可以实现生产过程的连续化、均衡化和高效化，提高产品的生产效率和品质稳定性。

在工艺流程优化过程中，普洱茶厂还需要注重对数据进行采集和分析。普洱茶厂可以通过建立和完善数据采集系统，收集生产过程中的关键数据，并运用数据分析技术对工艺流程进行持续优化和改进。

2. 节能减排技术应用

随着环保意识的日益增强，节能减排已成为普洱茶厂工艺创新的重要方向。通过应用节能减排技术，普洱茶厂可以降低能源消耗、减少废弃物排放量，实现绿色、低碳、可持续发展。

首先，普洱茶厂可以引进高效的节能设备和技术。例如，采用高效节能的烘干设备、压制设备等，可以降低生产过程中的能源消耗。同时，优化热力系统、照明系统等公用设施的设计和运行，也可以实现能源的高效利用。

其次，普洱茶厂需要重视废弃物的处理和利用。通过采用先进的废弃物处理技术，如生物降解、资源化利用等，可以将废弃物转化为有价值的资源，实现废弃物的减量化、资源化和无害化。

最后，在节能减排技术应用过程中，普洱茶厂还需要注重技术创新和成果转化。通过加强与科研机构、高校等的合作，引进外部创新资源，普洱茶厂可以不断推动节能减排技术的研发和应用，为企业的绿色发展提供有力支撑。

3. 自动化与智能化改造

随着科技的飞速发展，自动化与智能化已经成为普洱茶厂工艺创新的重要趋势。通过自动化与智能化改造，普洱茶厂可以提高生产效率、降低人工成本、提升产品品质。

首先，普洱茶厂需要引进先进的自动化生产设备和技术。例如，采用自动化的采摘设备、加工设备、包装设备等，可以实现生产过程的自动化和连续化，提高生产效率和产品质量。

其次，普洱茶厂需要注重生产线的智能化改造。通过应用物联网、大数据、人工智能等先进技术，普洱茶厂可以构建智能化的生产线和生产管理系统。智能化的生产线可以实现生产过程的实时监控、自动调节和优化控制，提高生产线的稳定性和灵活性。智能化的生产管理系统则可以实现生产数据的实时采集、分析和处理，为企业的决策提供有力支持。

最后，普洱茶厂还需要注重人才培养和团队建设。通过引进和培养具有自动化、智能化技术背景的专业人才，普洱茶厂可以建立一支高素质的技术创新团队，推动企业的自动化与智能化改造进程。同时，普洱茶厂还需要建立和完善技术培训体系，提升全体员工的技术水平和创新意识，为企业的持续创新和发展提供有力保障。

（四）市场创新

市场创新是普洱茶厂在竞争激烈的市场环境中保持领先地位、实现持续增长的关键。通过市场调研与分析、营销策略创新以及拓展新的销售渠道与市场，普洱茶厂可以更好地把握市场动态，满足消费者需求，提升品牌影响力，进而实现市场份额的扩大和盈利能力的提升。

1. 市场调研与分析

市场调研与分析是市场创新的基础。普洱茶厂需要定期进行市场调研，了解消费者的需求变化、竞争对手的动态以及行业发展趋势。通过收集和分析这些数据，普洱茶厂可以洞察市场先机，为产品创新、营销策略制定等提供有力支持。

在市场调研中，普洱茶厂应注重挖掘消费者的潜在需求。通过问卷调查、访谈、观察等方式，深入了解消费者的口味偏好、消费习惯、购买动机等，从而发现潜在的市场需求。同时，普洱茶厂还需要关注竞争对手的产品特点、价格策略、销售渠道等，以便及时调整自身策略，保持竞争优势。

此外，普洱茶厂还应关注行业发展趋势和政策变化。通过参加行业会议、关注行业动态、与行业协会保持沟通等方式，及时了解行业新技术、新产品、新政策等信息，为企业战略决策提供依据。

2. 营销策略创新

营销策略创新是市场创新的重要手段。普洱茶厂需要打破传统的营销模式，运用新媒体、大数据等现代营销工具，制定具有创意和实效性的营销策略。

首先，普洱茶厂可以运用新媒体进行品牌传播。通过社交媒体、短视频平台等渠道，发布品牌故事、产品介绍、茶艺展示等内容，吸引消费者的关注和互动。同时，与网红、意见领袖进行合作，进行口碑营销，提升品牌影响力。

其次，普洱茶厂可以利用大数据进行精准营销。通过收集和分析消费者数据，发现目标客户群体，制定个性化的营销策略。针对不同年龄段、消费水平的消费者，推送不同的产品信息和优惠活动，提高营销效果。

最后，普洱茶厂还可以尝试跨界合作和联合营销。例如，与其他产业、品牌进行跨界合作，共同推出新产品、举办活动等，实现资源共享和互利共赢。通过联合营销，普洱茶厂可以拓展市场空间，提高品牌知名度和美誉度。

3. 拓展新的销售渠道与市场

拓展新的销售渠道与市场是市场创新的重要途径。普洱茶厂需要积极开拓新的销售渠道，寻找新的市场增长点。

首先，普洱茶厂可以拓展线上销售渠道。通过电商平台、自建官方商城等方式，将产品销售到全国乃至全球市场。线上销售具有覆盖面广、成本低、效率高等优势，是普洱茶厂拓展市场的重要手段。

其次，普洱茶厂可以开拓新的实体销售渠道。例如，在大型商超、茶叶专卖店等设立销售专柜或专区，提高产品的可见度和购买便利性。同时，与旅游景点、文化场馆等合作，设立茶文化体验馆或品鉴中心，吸引游客和消费者的关注和购买。

最后，普洱茶厂还可以考虑拓展国际市场。通过参加国际茶叶博览会、建立海外销售网络等方式，将普洱茶推向国际市场，提升品牌的国际知名度和竞争力。在拓展国际市场时，普洱茶厂需要注重产品的国际化和本土化的结合，以满足不同国家和地区的消费者需求。

三、普洱茶厂创新管理的实施步骤

在日益激烈的市场竞争中，普洱茶厂要想保持领先地位并持续发展，就必须注重创新管理。下面将详细阐述普洱茶厂创新管理的实施步骤，以确保创新活动的有序进行和目标的顺利实现。

（一）制订创新战略规划

普洱茶厂需要制订创新战略规划，明确创新的目标、方向和重点。这要求企业对内外部环境进行全面分析，了解自身的优势和劣势，把握市场机会。在制订创新战略规划时，普洱茶厂应注重长期和短期的平衡，既要考虑当前的市场需求，也要关注未来的发展趋势。

（二）构建创新组织体系

为了确保创新活动的顺利进行，普洱茶厂需要构建和完善创新组织体系。

这包括成立专门的创新团队或部门，负责创新项目的策划、实施和管理。同时，普洱茶厂还需要建立跨部门、跨层级的协同创新机制，打破部门壁垒，促进信息共享和资源整合。此外，企业还应注重培养创新文化，鼓励员工积极参与创新活动，提出改进意见和建议。

（三）开展创新项目筛选与评估

在创新战略规划的指导下，普洱茶厂需要开展创新项目的筛选与评估工作。这要求企业广泛收集创新项目提案，包括新产品开发、工艺流程优化、市场拓展等方面的建议，然后通过专业的评估团队或外部专家对提案进行初步筛选和深入评估，确保项目的可行性和市场前景。在评估过程中，普洱茶厂应注重定量分析和定性分析的结合，以提高评估的准确性和全面性。

（四）实施创新项目

经过筛选和评估后，普洱茶厂需要制订详细的创新项目实施计划，明确项目的目标、任务、时间表和资源配置。在实施过程中，企业应注重项目管理和风险控制，确保项目按照计划顺利进行。同时，普洱茶厂还需要建立有效的激励机制，鼓励员工积极参与创新项目实施，提高工作效率和创造力。此外，企业还应注重与合作伙伴的沟通与协作，共同推动创新项目的成功实施。

（五）评估创新成果并进行持续改进

创新项目实施完成后，普洱茶厂需要对创新成果进行全面评估，包括对经济效益、社会效益和市场竞争力等方面的评估。通过评估，企业可以了解创新活动的效果和存在的不足，以便为后续的持续改进提供依据。在评估过程中，普洱茶厂应注重数据的收集和分析工作，确保评估结果的客观性和公正性。同时，企业还需要将评估结果与员工的绩效考核和奖惩机制挂钩，以增强员工的创新责任感和积极性。

四、创新管理的挑战与对策

普洱茶厂创新管理虽然面临着多重挑战，但也有相应的解决策略。下面将详细分析这些挑战与对策。

（一）挑战

1．企业内部挑战

（1）创新意识和能力不足。部分普洱茶厂在创新管理方面缺乏足够的创新意识和能力，这主要体现在对新技术、新工艺、新设备的接受和应用上。由于缺乏创新意识和能力，企业可能无法及时跟上市场的变化，导致产品竞争力下降。

（2）创新资源配置不合理。普洱茶厂在创新资源的配置上可能存在不合理的情况。例如，研发经费的投入不足，创新人才的培养和引进不足，以及创新设备的更新和维护不足等，这些都可能影响到企业的创新能力和创新效果。

（3）创新文化尚未形成。创新文化的形成需要持续的努力。然而，部分普洱茶厂在创新文化的建设上尚未形成有效的机制，导致员工对创新活动的参与度和认同感不高，进而影响了企业的创新氛围和创新效果。

2．企业外部挑战

（1）市场竞争激烈。普洱茶市场竞争日益激烈，消费者需求多样化、个性化，以及对产品质量、口感、包装等方面都提出了更高的要求。普洱茶厂需要不断创新以满足消费者的需求，保持市场竞争力。

（2）政策法规变化。政策法规的变化可能对普洱茶厂的创新管理产生影响。例如，环保法规的趋严可能要求企业采用更环保的生产工艺和设备，食品安全法规的趋严可能要求企业加强产品质量控制和食品安全管理。这些法规的变化都可能增加企业的创新压力和创新成本。

（3）技术更新快速。随着科技的快速发展，新的茶叶加工技术、生产设备、检测手段等不断涌现。普洱茶厂需要密切关注技术发展趋势，及时引进和应用新技术，以保持技术领先优势。然而，新技术的引进和应用需要投入大量的资金和人力，这对企业来说是一项巨大的挑战。

（二）对策

1．培养创新意识和提升创新能力

普洱茶厂应重视对员工创新意识的培养，鼓励员工敢于尝试、勇于创新。通过定期举办创新培训、创新竞赛等活动，激发员工的创新热情和创造力。同时，加大研发投入，引进先进的技术和设备，以提升企业的创新能力。此外，与科研院所、高校等合作，共同开展与普洱茶相关的基础研究和应用研究，推动科技成果的转化和应用。

2. 优化创新资源配置

普洱茶厂应合理配置创新资源，确保研发经费、创新人才、创新设备等得到充分利用。在研发经费的投入上，应根据企业的实际情况和市场需求进行合理规划，确保重点项目得到足够的资金支持。在创新人才的培养和引进上，应注重人才的选拔、培养和激励，打造一支高素质的创新队伍。在创新设备的更新和维护上，应及时引进先进的生产设备和技术，提高生产效率和产品质量。

3. 营造创新氛围

普洱茶厂应积极营造开放、包容、协作的创新氛围，鼓励员工积极参与创新活动。通过制定创新激励机制，对在创新活动中表现突出的员工进行表彰和奖励，以提高员工的创新积极性和参与度。同时，鼓励员工提出改进意见和建议，共同推动企业的创新发展。

4. 关注市场变化和政策法规

紧跟市场脉搏与政策走向是普洱茶厂的必要任务。茶厂需实时留意市场动态，从而灵活调整其创新策略及创新方向。借助深入的市场研究与分析，茶厂能更准确地把握消费者需求变化和竞争态势，为产品革新和市场扩张奠定坚实基础。此外，对政策法规变化的持续关注也至关重要，以便及时调整生产工艺和产品质量标准，保障企业的稳健经营与长远发展。

5. 加强技术创新和成果转化

普洱茶厂应注重技术创新和成果转化工作。通过引进和吸收先进的技术和工艺，结合自身的实际情况进行再创新，以提高企业的核心竞争力。同时，加强科技成果的转化和应用工作，将科研成果转化为实际生产力，推动企业的产业升级和产品换代。

第三节　普洱茶厂技术与创新管理体系的融合

一、技术与创新管理体系的融合策略

在普洱茶厂的技术与创新管理体系融合过程中，需要从战略、组织和流程三个层面进行详细的规划和实施。以下是对这三个层面融合策略的详细说明。

（一）战略层面的融合

1. 技术与创新战略协同规划

技术与创新是普洱茶厂发展的两大驱动力，因此，在制定发展战略时，必须将两者紧密结合，实现协同规划。首先，要明确技术与创新在普洱茶厂发展中的地位和作用，确保两者在战略层面上的高度一致性。其次，要根据市场需求、行业趋势和企业实际情况，制订具有前瞻性和可操作性的技术与创新战略规划。最后，要建立技术与创新战略的动态调整机制，确保战略能够随着市场环境和企业需求的变化而及时调整。

2. 资源共享与优势互补

为了实现技术与创新的完美融合，普洱茶厂必须善于利用其在技术与创新领域所独具的资源与优势，实现资源共享与优势互补的目标。这意味着茶厂应最大限度地利用其现有技术资源——无论是高效的生产设备、强大的研发实力，还是宝贵的技术专利，都应为创新活动奠定坚实基础。同时，茶厂还应深入挖掘其创新资源，如源源不断的创意、杰出的人才储备以及瞬息万变的市场机遇，以推动技术研发紧密契合市场需求。此外，强化技术与创新团队间的沟通与协作至关重要，必须打破部门间的隔阂，确保各类资源得以充分共享，各自优势得以完美互补。

（二）组织层面的融合

1. 跨部门技术与创新团队的整合

为了实现技术与创新管理体系的有效融合，普洱茶厂需要打破传统的部门界限，组建一支跨部门的技术与创新团队。这些团队应由来自不同部门、具有不同专业背景和技能的员工组成，以便能够从多个角度思考和解决问题。同时，要建立和完善团队管理机制，明确团队成员的职责和权限，确保团队能够高效运作。

2. 职责清晰、协同高效的组织架构

在融合技术与创新管理体系的过程中，普洱茶厂需要建立职责清晰、协同高效的组织架构。首先，要明确各部门和岗位的职责和权限，避免出现职责重叠或缺失的情况。其次，要加强部门之间的沟通与协作，建立跨部门的工作机

制和流程，确保各项工作能够顺畅进行。最后，要优化组织架构，提高组织的灵活性和适应性，以便能够更好地应对市场变化和技术进步带来的挑战。

（三）流程层面的融合

1．技术研发与创新流程的衔接与优化

技术研发和创新是普洱茶厂发展的两个关键环节，要想实现两者的有效融合，必须对现有流程进行衔接和优化。首先，要完善技术研发流程，确保技术研发能够按照市场需求和战略规划进行。其次，要优化创新流程，提高创新效率和成功率。最后，要加强技术研发与创新流程之间的衔接，确保两者能够相互支持、相互促进。

2．跨部门、跨团队的协同合作机制

为了实现技术与创新管理体系的有效融合，普洱茶厂需要建立跨部门、跨团队的协同合作机制。协同合作机制应包括定期的沟通会议、信息共享平台、项目协作流程等，以便能够促进不同部门、不同团队之间的交流与合作。同时，要鼓励员工积极参与跨部门、跨团队的项目和活动，提高员工的综合素质和团队协作能力。通过协同合作机制的建立和实施，可以推动技术与创新管理体系的深度融合，提升普洱茶厂的整体竞争力。

二、融合实施与保障措施

在普洱茶厂技术与创新管理体系的融合过程中，实施与保障措施是确保融合顺利进行并取得预期效果的关键环节。

（一）制订详细的融合实施方案

融合实施方案是指导技术与创新管理体系融合的具体行动计划，需要明确融合的目标、步骤、时间表、责任人以及关键节点等要素。首先，要制定明确的融合目标，确保所有参与者对融合的预期结果有清晰的认识。其次，要细化融合步骤，将整个过程分解为若干个阶段，每个阶段都要有明确的任务和输出。再次，要制定合理的时间表，确保融合过程能够按照计划有序进行。从次，要明确每个阶段的责任人，确保各项工作有人负责、有人跟进。最后，要设定关键节点，对融合过程中的重要里程碑进行标记，以便及时评估和调整实施方案。

（二）提供必要的资源与支持

技术与创新管理体系的融合需要充足的资源支持，包括资金、设备、人才等。首先，要确保有足够的资金投入，用于技术研发、设备购置、人才引进等方面。普洱茶厂可以通过内部预算、外部融资等多种渠道筹集资金，确保融合过程的资金需求得到满足。其次，要提供先进的设备和技术支持，为技术研发和创新活动创造良好的条件，包括升级现有设备、引进新技术、建立实验室等。同时，要加强与高校、科研机构等外部实体的合作，共享资源和技术成果。最后，要重视人才的引进和培养，建立一支高素质、专业化的技术与创新团队。普洱茶厂可以通过招聘、培训、激励等方式吸引和留住优秀人才，为融合过程提供有力的人才保障。

（三）建立监测与评估机制

技术与创新管理体系的融合是一个动态的过程，需要建立有效的监测与评估机制，及时对融合进展进行评估与调整。首先，要设定合理的评估指标，包括技术研发成果、创新项目进展、市场占有率等，以便全面反映融合效果。其次，要定期对融合进展进行评估，了解融合过程中存在的问题和困难，并及时采取措施加以解决。再次，要加强与相关部门和人员的沟通与反馈，确保评估结果能够得到及时传达和应用。最后，要根据评估结果对实施方案进行调整和优化，确保融合过程能够按照预期目标顺利进行。

（四）培育融合文化与氛围

技术与创新管理体系的融合需要良好的文化和氛围支持。普洱茶厂要倡导强调团队协作、共享成果的价值导向，推动技术与创新团队之间的紧密合作和相互支持。首先，要加强团队建设，建立一支跨部门、跨专业的技术与创新团队，鼓励团队成员之间的交流与协作。同时，要定期组织团队活动，有利于增强团队凝聚力和成员归属感。其次，要建立共享机制，鼓励员工分享技术成果和创新经验，推动知识与技能的传播和应用。再次，要重视员工的意见和建议，鼓励员工积极参与决策和改进过程。最后，要营造开放、包容的文化氛围，鼓励员工勇于尝试、敢于创新，容忍失败并从中吸取教训。

第七章　普洱茶厂营销管理

第一节　茶叶市场营销调研与预测

一、茶叶市场营销调研概述

（一）茶叶市场营销调研的含义

茶叶市场营销调研是指针对茶叶市场进行的全面、系统和客观的调查与研究。这一过程旨在获取茶叶市场需求、竞争格局、消费者行为、销售渠道以及其他相关因素的信息。这些信息能为茶厂制定市场营销策略提供重要的数据支持和决策依据。

茶叶市场营销调研不是简单地做一些资料记录和整理，而是一项需要进行周密策划、精心组织和科学实施的系统工程。对市场数据的收集、整理、分析和解释需要遵循科学的方法和手段，要做到客观理性，对市场信息的收集尽可能充足、及时、准确，对信息的分析和解释必须服务于决策的制定。

（二）茶叶市场营销调研的方式

茶叶市场营销调研的方式多种多样，可以根据具体需求和资源选择合适的方法。以下是一些常见的茶叶市场营销调研方式。

1. 问卷调查

问卷调查是一种常用的定量调研方法，通过设计问卷并向目标受众发放，收集他们的意见、看法和行为数据。问卷调查可以覆盖广泛的受众，收集大量标准化的数据，便于进行统计分析和比较。

2．深度访谈

深度访谈是一种定性调研方法，通过与受访者进行深入的、一对一的交流，了解他们的观点、态度和经验。这种方法可以获取更详细、更丰富的信息，有助于深入理解受访者的需求和动机。

3．焦点小组讨论

焦点小组讨论是一种集体讨论形式的定性调研方法，通过邀请一组人一起讨论特定的话题或问题，并观察和分析讨论过程，可以了解群体的观点、态度和行为倾向。

4．观察法

观察法是一种通过直接观察目标受众的行为、环境和互动来收集数据的方法。例如，可以通过观察消费者在茶叶店铺的购买行为、与销售人员的互动等来了解消费者的需求和购买决策过程。

5．实验法

实验法是一种通过控制一个或多个变量来研究市场现象的方法。例如，可以通过调整茶叶的价格、包装或促销策略，观察销售量的变化，以了解这些因素对市场需求的影响。

6．竞品分析

竞品分析是一种通过研究竞争对手的产品、价格、促销和分销策略等来了解市场竞争状况的方法。通过竞品分析，可以了解自身产品在市场中的定位和差异化点，以及竞争对手的优势和劣势。

7．二手数据研究

二手数据研究是一种利用已有的数据、报告和研究结果来进行市场分析的方法。

（三）茶叶市场营销调研的内容

茶叶市场营销调研的内容涵盖市场的各个方面，以确保茶厂能够全面了解市场动态、消费者需求、竞争状况等因素。以下是茶叶市场营销调研的主要内容。

1．市场环境调研

市场环境调研包括对茶叶市场的宏观经济环境、政策环境、社会文化环境以及技术环境等的调研。这些因素都可能对茶叶市场的运行和茶厂的营销活动产生影响。

2. 市场需求调研

研究消费者的需求是市场调研的核心。市场需求调研包括对茶叶的总体需求量、需求结构、消费者的购买习惯、消费偏好以及消费动机等的调研。通过这些信息，茶厂可以更好地理解消费者的需求，并据此制定和调整产品策略。

3. 竞争状况调研

对茶叶市场的竞争状况进行深入调研，包括识别主要的竞争对手，分析他们的市场地位、产品特点、价格策略、销售渠道以及营销策略等。这将有助于茶厂了解自己在市场中的位置，以及制定有效的竞争策略。

4. 产品调研

对茶叶产品的调研主要包括了解产品的品质、特性、包装、价格以及消费者对产品的评价和反馈等。这些信息可以帮助茶厂改进产品设计，提升产品质量，满足消费者的需求。

5. 价格调研

价格是影响消费者购买决策的重要因素之一。价格调研主要包括了解消费者对茶叶价格的接受程度、价格敏感度以及竞争对手的定价策略等。这有助于茶厂制定合理的定价策略，提升产品的竞争力。

6. 销售渠道调研

销售渠道调研是指了解茶叶的销售渠道、分销网络以及物流情况等，包括线上和线下的销售渠道、直接与间接销售渠道等。这有助于茶厂选择合适的销售渠道，提高产品的市场覆盖率。

7. 促销和广告调研

促销和广告调研是指研究茶厂的促销活动、广告策略以及公关活动等对销售的影响，包括了解消费者对各种促销活动的反应、广告的传播效果等。这有助于茶厂制定有效的促销和广告策略，提升品牌知名度和美誉度。

二、茶叶市场需求的预测

茶叶市场需求是指在一定时间和地区内，消费者对于茶叶产品所具有的有购买能力的需求。这种需求是由消费者的购买意愿和购买力共同决定的。

具体来说，茶叶市场需求包括以下几个方面：

（1）消费者对茶叶产品的需求量和需求结构，即不同品种、品质、价格、包装等的茶叶产品在市场中的需求情况。

（2）消费者的购买习惯和偏好，例如，对于口感、香气、色泽、健康功能等方面的偏好，以及对不同茶叶品种和产地的喜好等。

（3）消费者的购买力和消费心理，即消费者在购买茶叶产品时的经济能力和消费决策过程，包括对价格、品质、品牌、服务等方面的考虑。

茶叶市场需求是茶叶市场运行的基础和动力，也是茶厂进行市场营销的重要依据。了解和分析茶叶市场需求的变化和趋势，有助于茶厂把握市场机会，制定有效的市场营销策略，提高市场竞争力和市场占有率。

第二节　普洱茶厂目标市场定位

一、茶叶市场细分

市场细分的概念是由美国市场学家温德尔·史密斯（Wendell R. Smith）于 1956 年提出来的。此后，美国营销学家菲利浦·科特勒（Philip Kotler）进一步发展和完善了温德尔·史密斯的理论，并最终形成了成熟的 STP 理论（市场细分、目标市场选择和市场定位），这一理论也应用于茶叶市场。

（一）茶叶市场细分的含义与基础

茶叶市场细分是指茶厂根据消费者需求、购买行为、消费习惯等方面的差异，将整体茶叶市场划分为若干个具有相似需求的消费者群体的过程。每个消费者群体即构成一个细分市场，这些细分市场在需求上存在明显的差异，需要茶厂根据不同的需求特点制定相应的营销策略。

茶叶市场细分的基础主要包括以下几个方面。

1. 地理环境因素

处于不同地理环境下的消费者，对于茶叶产品往往有着不同的需求和偏好。地理环境包括国家、地区、城市规模、气候条件、地形地貌等，这些都会影响消费者的购买决策。

2．人口统计因素

人口统计因素是市场细分中常用的基础变量，包括年龄、性别、收入、教育程度、职业等。这些因素会影响消费者的消费习惯、购买力和对产品的期望。

3．消费者心理因素

消费者的心理因素包括个性、生活方式、价值观、购买动机等。例如，有些消费者购买茶叶是为了追求品质和文化，而有些消费者是为了健康和养生。了解消费者的心理因素有助于茶厂更准确地把握其需求。

4．购买行为因素

购买行为因素包括消费者的购买频率、购买数量、购买渠道、品牌忠诚度等。这些因素反映了消费者在购买过程中的实际行为，是市场细分的重要依据。

（二）茶叶市场细分的原则

1．可衡量性原则

可衡量性是指细分的市场是可以被识别和衡量的，是有明显区别的，同时其大小及购买力等是可以被测定的。茶厂在进行茶叶市场细分时，需要确保每个细分市场的规模和特征能够被准确衡量，以便进行有效的市场分析和营销策略制定。

2．可进入性原则

可进入性原则是指茶厂在选择目标细分市场时必须重视的原则。茶厂应确保在通过适当的营销策略努力后，能够顺利进入并稳固地在所选细分市场中占据一席之地。为此，茶厂在进行茶叶市场细分时，务必全面衡量自身的资源储备、能力水平以及面临的竞争态势，从而确保所选的细分市场是茶厂实际能够渗透并高效开展营销活动的领域。

3．差异性原则

差异性是指细分市场在观念上能被区别，并对不同的营销组合因素和方案有不同的反应。茶叶市场细分应确保每个细分市场在需求、消费者行为等方面具有明显差异，以便茶厂能够根据不同细分市场的特点制定有针对性的营销策略。

4．稳定性原则

稳定性是指细分市场在足够长的时间内保持相对稳定，以便茶厂能够针对该市场制定长期的营销策略。茶叶市场细分应考虑市场的长期发展趋势和消费者需求的变化，确保所选的细分市场具有相对稳定性。

（三）茶叶市场细分的意义

1．发掘和开拓新的市场机会

通过深入的市场调研和市场细分，茶厂可以发现那些尚未被满足或未被充分满足的消费者需求，从而为茶厂带来新的市场机会。例如，针对不同年龄段、不同消费习惯的消费者群体，茶厂可以开发适合他们的茶叶产品和服务，满足他们的个性化需求。

2．将资源投入到目标市场

在进行市场细分后，茶厂可以更加明确自己的目标市场，从而将有限的资源集中投入到这些具有潜力的市场中。这样不仅可以提高茶厂的资源利用效率，还可以增强茶厂在目标市场上的竞争力。

3．制定和调整市场营销组合策略

市场细分使得茶厂能够更加准确地把握不同消费者群体的需求特点和购买行为，从而为茶厂制定和调整产品策略、价格策略、渠道策略和促销策略提供有力的依据。通过制定有针对性的市场营销组合策略，茶厂可以更好地满足消费者的需求，提高产品的市场占有率和品牌知名度。

4．应对市场变化

随着市场环境和消费者需求的不断变化，茶厂需要及时调整自己的市场策略。通过市场细分，茶厂可以更加敏感地捕捉到市场变化的信号和趋势，从而及时调整自己的产品定位、营销策略和竞争格局，保持茶厂的竞争优势。

二、普洱茶厂目标市场选择

（一）目标市场的含义

目标市场是指在市场细分的基础上，公司决定要进入的最佳细分市场，即公司拟投其所好、为其服务具有相似需求的顾客群体。公司的一切营销活动都是围绕目标市场展开的，选择目标市场是制定市场营销战略的基础和前提。在选择目标市场时，公司需要考虑市场的规模、发展潜力、竞争状况以及公司自身的资源和能力等因素。通过明确目标市场，公司可以更加精准地制定营销策略，提高市场占有率和竞争优势。

（二）选择目标市场的意义

1. 提高营销效率

通过选择目标市场，普洱茶厂可以更加精准地确定营销对象和营销策略，避免资源浪费和无效营销。针对目标市场的特点和需求，普洱茶厂可以制定更加有针对性的产品策略、价格策略、渠道策略和促销策略，从而提高营销效率和效果。

2. 增强市场竞争力

选择目标市场可以使普洱茶厂更加聚焦，集中资源和精力打造符合目标市场需求的产品和服务。通过与目标市场的消费者建立深厚的情感联系，提高消费者对品牌的忠诚度，普洱茶厂可以在激烈的市场竞争中脱颖而出，提升品牌影响力和市场占有率。

3. 发掘市场机会

通过深入了解目标市场的消费者需求、购买习惯和消费趋势，普洱茶厂可以发现并抓住市场机会。例如，针对养生健康意识日益增强的消费者群体，普洱茶厂可以开发具有健康功能的普洱茶产品，以满足消费者的需求，开拓新的市场空间。

4. 优化资源配置

选择目标市场有助于普洱茶厂更加合理地配置资源，包括原材料、生产设备、人力资源和资金等。通过优先满足目标市场的需求，普洱茶厂可以实现资源的最大化利用，提高公司的经济效益和社会效益。

三、普洱茶厂市场定位

（一）普洱茶厂市场定位的含义

普洱茶厂市场定位是指普洱茶厂应在目标市场中明确自己产品和服务的位

置，以便与竞争对手区别开来，并在消费者心中形成一个独特的印象和认知。市场定位是普洱茶厂制定市场营销战略的核心和基础，它涉及产品定位、品牌定位和公司定位等多个层面。

（二）普洱茶厂市场定位的策略

在茶叶市场的激烈竞争中，普洱茶厂要想脱颖而出，就必须制定明确的市场定位策略。市场定位策略的制定需要综合考虑市场环境、消费者需求、竞争对手情况以及茶厂自身的资源和能力等多个因素。以下将对普洱茶厂市场定位的策略进行详细阐述。

1. 明确目标消费群体

普洱茶厂首先要明确自己的目标消费群体是谁。这需要对市场进行细分，了解不同消费者群体的需求、购买习惯和消费心理等。通过市场调研和数据分析，普洱茶厂可以确定自己的目标消费群体，如追求高品质生活的中年人群、注重养生的老年人群或对普洱茶文化有浓厚兴趣的年轻人群等。

2. 确定产品差异化特点

在明确目标消费群体后，普洱茶厂需要确定自己产品的差异化特点。这需要对竞争对手的产品进行深入分析，找出自己产品的独特之处和竞争优势。例如，普洱茶厂可以强调自己产品的原料优质、工艺独特、口感醇厚、陈香浓郁等特点，或者推出具有健康功能、适合不同消费场景的普洱茶产品等。通过产品差异化特点的确定，普洱茶厂可以在消费者心中形成一个独特的印象和认知。

3. 建立品牌形象和价值观

品牌形象和价值观是普洱茶厂进行市场定位的重要策略。普洱茶厂要建立一个与目标消费群体相符合的品牌形象和价值观，以便与消费者建立深厚的情感联系。例如，普洱茶厂可以打造以"传统、健康、品质"为核心的品牌形象，强调普洱茶文化的传承和发扬，倡导健康的生活方式和高品质的生活态度。通过品牌形象和价值观的建立，普洱茶厂可以在消费者心中树立一个积极、正面的形象。

4. 选择合适的营销渠道和推广方式

营销渠道和推广方式的选择对于普洱茶厂市场定位的实现至关重要。普洱茶厂需要根据目标消费群体的特点和购买习惯，选择合适的营销渠道和推广方式，如线上电商平台、线下专卖店、社交媒体营销等。同时，普洱茶厂还需要注重营销推广的内容和形式，确保与目标消费群体的需求和兴趣相符合，提高营销推广的效果和转化率。

5. 注重口碑营销和客户关系管理

口碑营销和客户关系管理是普洱茶厂进行市场定位的长期策略。普洱茶厂需要注重消费者的口碑传播和推荐，通过优质的产品和服务赢得消费者的信任和好评。同时，普洱茶厂还需要建立和完善客户关系管理系统，与消费者保持紧密的联系和互动，及时了解消费者的需求和反馈，为消费者提供更加个性化、精准的服务。

第三节　普洱茶厂市场营销组合

一、普洱茶厂的产品策略

在茶叶市场中，产品策略是普洱茶厂核心竞争力的重要体现。一个成功的产品策略不仅能够满足消费者的需求，还能在激烈的市场竞争中为普洱茶厂赢得优势。以下将对普洱茶厂的产品策略进行详细阐述。

（一）产品定位

普洱茶厂需要明确自身的产品定位。普洱茶作为中国传统名茶，具有独特的口感和陈香，深受消费者喜爱。普洱茶厂可以将产品定位在高品质、健康和文化传承等方面，以满足消费者对品质生活的追求和对茶文化的热爱。

（二）产品组合与系列化

普洱茶厂可以通过构建丰富的产品组合和系列化来满足不同消费者的需求。例如，可以推出不同年份、不同产地的普洱茶，让消费者品尝到多样化的口感和风味；还可以针对不同消费场景和需求，推出礼品装、旅行装等系列产品，满足消费者的个性化需求。

（三）产品创新与研发

产品创新是普洱茶厂保持竞争力的关键。普洱茶厂需要不断研发新产品，以满足市场的变化和消费者的新需求。例如，可以开发具有特定健康功能的普洱茶产品，如针对减肥、降压等需求的茶品；还可以探索普洱茶与其他食材、中草药的结合，推出具有独特口感和功效的新型普洱茶饮品。

（四）产品品质保证

产品品质是普洱茶厂的生命线。普洱茶厂需要严格把控原料采购、生产工艺、质量检测等环节，确保产品的品质和安全性。同时，普洱茶厂还需要建立产品质量追溯体系，让消费者了解产品的生产过程和品质保证措施，提高消费者对品牌的信任感和忠诚度。

（五）产品包装设计

产品包装设计是普洱茶厂树立品牌形象和传递文化内涵的重要手段。普洱茶厂需要注重包装的设计风格和材质选择，以体现产品的高品质和独特性。例如，可以采用环保材质、简约风格或传统文化元素等设计理念，打造独具特色的产品包装，提升产品的附加值和市场竞争力。

（六）产品营销与推广

产品营销与推广是普洱茶厂实现产品销售和品牌传播的关键环节。普洱茶厂需要结合自身的产品特点和目标消费群体的需求，选择合适的营销渠道和推广方式。例如，可以通过线上电商平台、线下专卖店等渠道进行产品销售；同时，还可以利用社交媒体、茶文化活动等平台进行品牌宣传和推广。

二、普洱茶厂的价格策略

普洱茶厂的价格策略是市场营销策略的重要组成部分，它直接影响产品的销售、市场份额和盈利能力。以下是普洱茶厂在制定价格策略时可以考虑的几个方面。

（一）成本导向定价

普洱茶厂首先需要计算产品的成本，包括原料成本、生产成本、包装成本、运输成本等。在确保产品质量的前提下，通过合理控制成本，可以为产品定价提供更大的灵活性。成本导向定价方法有助于普洱茶厂在市场中保持价格竞争力。

（二）需求导向定价

普洱茶厂需要密切关注市场需求和消费者的购买行为。当市场需求旺盛时，可以适当提高产品价格以增加利润。反之，当市场需求疲软时，可以通过降价促销来刺激消费。需求导向定价要求普洱茶厂具备敏锐的市场洞察力和快速响应能力。

（三）竞争导向定价

普洱茶市场竞争激烈，普洱茶厂在制定价格策略时需要充分考虑竞争对手的价格水平。通过对比分析竞争对手的产品质量、价格、市场份额等信息，可以为自己的产品制定一个具有竞争力的价格。竞争导向定价有助于普洱茶厂在市场中保持领先地位。

（四）价格歧视策略

普洱茶厂可以根据不同的消费者群体和市场细分，制定不同的价格策略。例如，针对高端消费者市场，可以提供高品质、高价格的普洱茶产品；针对中低端消费者市场，可以提供性价比较高的普洱茶产品。价格歧视策略有助于普洱茶厂满足不同消费者的需求，提高市场份额。

（五）促销定价策略

普洱茶厂可以通过开展形式多样的促销活动来促进消费。例如，限时优惠、满减优惠、会员折扣等。这些促销活动可以在短期内提高产品的销售量，同时也有助于提升品牌知名度和客户忠诚度。

三、普洱茶厂的渠道策略

普洱茶厂的渠道策略是市场营销策略中的关键环节，它涉及产品从生产到最终消费者的整个流通过程。以下是普洱茶厂在制定渠道策略时可以考虑的几个方面。

（一）直接销售渠道

普洱茶厂可以通过自己的官方网站、线下门店等直接销售渠道，将产品直接销售给最终消费者。这种方式可以减少中间环节，降低销售成本，同时也有助于建立品牌形象和提升客户忠诚度。

（二）间接销售渠道

普洱茶厂可以通过经销商、代理商等间接销售渠道，将产品分销到更广泛的市场。这种方式可以利用经销商的资源和经验，快速拓展市场，提高产品的覆盖率和销售量。

（三）线上销售渠道

随着电子商务的快速发展，线上销售已成为普洱茶厂不可或缺的渠道。普洱茶厂可以通过电商平台、社交媒体等线上渠道，将产品销售给全国各地的消费者。线上销售渠道具有便捷、高效、低成本等优势，是普洱茶厂拓展市场的重要手段。

（四）定制化渠道

普洱茶厂可以根据不同消费者群体的需求，定制不同的销售渠道和策略。例如，针对高端消费者市场，可以提供私人定制服务，满足消费者的个性化需求；针对中低端消费者市场，可以通过超市、便利店等零售渠道销售产品。

（五）国际市场渠道

普洱茶厂可以积极拓展国际市场，通过参加国际茶叶博览会、建立海外销售网络等方式，将产品销售到海外市场。国际市场渠道有助于普洱茶厂提升品牌知名度和竞争力，实现茶厂的国际化发展。

四、普洱茶厂的促销策略

普洱茶厂的促销策略是市场营销中不可或缺的一环，其目的在于通过各种手段和活动，激发消费者的购买欲望，提高产品销售量，进而提升品牌知名度和扩大市场份额。以下将对普洱茶厂的促销策略进行详细阐述。

（一）广告促销

广告是普洱茶厂向消费者传递产品信息、塑造品牌形象的重要手段。普洱茶厂可以通过电视、报纸、杂志、户外广告等多种媒介发布广告，展示产品的独特口感、健康功效和文化内涵。同时，普洱茶厂还可以与知名茶人、文化机构等合作，共同打造具有影响力和传播力的广告内容，提升品牌的认知度和美誉度。

（二）公关促销

公关促销是指普洱茶厂通过举办或参与各种公关活动，与消费者建立深厚的情感联系，提升品牌形象和声誉。例如，普洱茶厂可以定期举办品鉴会、茶艺表演、茶文化讲座等活动，邀请消费者亲身体验普洱茶的独特魅力；还可以积极参与社会公益事业，如扶贫济困、环保等，树立茶厂的社会责任感和良好形象。

（三）销售促进

销售促进是普洱茶厂为了激励消费者购买而采取的各种短期优惠措施。例如，普洱茶厂可以推出限时折扣、满额赠品、免费试喝等促销活动，吸引消费者的眼球，刺激消费者的购买欲望。销售促进活动需要注重活动的合理性和公平性，避免引起消费者的反感和质疑。

（四）个人推销

个人推销是指普洱茶厂的销售人员直接与消费者进行面对面的沟通和交流，介绍产品的特点和优势，解答消费者的疑问和顾虑，以促成交易成功。个人推销需要销售人员具备专业的产品知识和良好的沟通技巧，能够准确地把握消费者的需求和心理，为消费者提供个性化的购买建议和服务。

（五）线上营销

随着互联网的普及和发展，线上营销已成为普洱茶厂促销策略中的重要组成部分。普洱茶厂可以通过官方网站、社交媒体等网络平台，发布产品信息、品牌故事、茶文化知识等内容，吸引消费者的关注和互动。同时，普洱茶厂还可以利用搜索引擎优化（SEO）、搜索引擎营销（SEM）等手段，提高品牌在搜索结果中的排名和曝光率，增加潜在客户的流量和转化率。

（六）口碑营销

口碑营销是普洱茶厂借助消费者之间的口口相传，以推广品牌的卓越声誉和产品的上乘口碑。为了成功实施口碑营销策略，普洱茶厂必须严格把控产品品质，并提供优质的服务，确保消费者在品味香醇普洱茶的同时，也能深切体会到茶厂的匠心独运和真挚诚意。普洱茶厂还可以通过邀请消费者参与产品体验、分享使用心得等方式，增强消费者的参与感和归属感，促进口碑的传播和扩散。

第四节　普洱茶厂市场营销创新

一、网络营销

网络营销是指利用互联网技术和平台，通过各种网络营销手段，宣传和推广普洱茶产品，以达到提高品牌知名度、扩大市场份额、增加销售量的目的。以下是普洱茶厂网络营销的主要类型。

（一）搜索引擎优化

普洱茶厂可以通过优化网站结构、关键词布局、内容更新等方式，提高网站在搜索引擎中的排名，增加网站流量和提高曝光率，从而吸引更多潜在客户。

（二）社交媒体平台营销

普洱茶厂可积极利用微信、微博、抖音等社交媒体平台，向广大消费者传递产品信息、品牌背后的故事以及丰富的茶文化知识。通过与消费者的实时互动与交流，茶厂不仅能够增强消费者的关注度和忠诚度，还能有效提升品牌形象，赢得良好口碑。

（三）电子邮件营销

普洱茶厂可以通过收集消费者的电子邮件地址，定期发送产品促销信息、新品推荐、茶文化资讯等内容，与消费者保持联系和沟通，促进消费者的复购和推荐。

（四）内容营销

普洱茶厂可以创作与普洱茶相关的优质内容，如茶文化文章、品茶心得、茶艺表演视频等，通过网站、博客、社交媒体等渠道进行发布和传播，吸引消费者的关注和兴趣，提升品牌认知度和美誉度。

（五）网络广告营销

普洱茶厂可以在各大门户网站、电商平台等网络媒体上投放广告，展示产品形象、宣传品牌理念、吸引潜在客户的点击和购买。

二、整合营销

整合营销强调以消费者为核心，通过整合内外部资源，运用多元化的传播手段，传递一致的品牌信息，实现与消费者的多点接触和互动，从而达到提升品牌价值、促进产品销售的目标。

整合营销具有以下三种类型。

（一）横向整合

普洱茶厂可以整合各种营销传播工具，如广告、公关、销售促进、个人推销等，确保它们在传播过程中保持一致性，共同为品牌推广服务。

（二）纵向整合

普洱茶厂可以将营销传播活动沿着产品流通渠道进行纵向整合，确保从生产到消费的每一个环节都能有效地传递品牌信息，加强与渠道成员的合作。

（三）内外部整合

普洱茶厂需要整合茶厂内部各个部门以及外部合作伙伴的资源，形成一个协同作战的营销团队，共同为实现营销目标而努力。

在整合营销的过程中，普洱茶厂需要注重以下几个方面：

（1）消费者导向。始终将消费者需求放在首位，了解消费者的喜好、购买习惯等信息，为消费者提供个性化的产品和服务。

（2）数据驱动。运用大数据、人工智能等技术手段收集和分析消费者数据，为营销决策提供有力支持。

（3）内容为王。创作与普洱茶相关的优质内容，吸引消费者的关注和兴趣，提升品牌认知度和美誉度。

（4）渠道协同。充分发挥线上线下渠道的优势，实现渠道之间的互补和协同，为消费者提供便捷的购买体验。

（5）持续优化。定期评估营销效果，及时调整和优化营销策略，以适应市场的不断变化和发展。

三、绿色营销

绿色营销是指将环境保护和可持续发展的理念融入普洱茶的市场营销活动中，通过绿色产品的开发、绿色生产过程的实施以及绿色消费观念的推广，实现经济效益、社会效益和环境效益的和谐统一。绿色营销有以下几种类型。

（一）绿色产品开发

普洱茶厂可以研发和生产符合环保标准的绿色普洱茶产品，如有机普洱茶、无公害普洱茶等，以满足消费者对健康、环保的需求。

（二）绿色生产过程

普洱茶厂在生产过程中应注重资源节约和环境保护，采用清洁生产技术，减少废水、废气、废渣的排放量，提高资源利用效率。

（三）绿色包装

普洱茶厂可以采用环保材料对产品进行包装，如可降解材料、可回收材料等，减少包装废弃物对环境的污染。

（四）绿色销售渠道

普洱茶厂可以通过建立绿色销售渠道，如绿色电商平台、绿色专卖店等，向消费者传递绿色消费理念，并提供便捷的绿色购买体验。

（五）绿色促销活动

普洱茶厂可以开展绿色主题的促销活动，如环保知识讲座、绿色品鉴会等，增强消费者的环保意识和绿色消费意愿。

四、文化营销

文化营销是指将普洱茶文化与市场营销相结合，通过传递普洱茶的文化价值，提升品牌形象，增强消费者认同感，从而实现产品销售和品牌传播的目标。普洱茶作为中国传统文化的重要组成部分，具有丰富的历史底蕴和文化内涵，为普洱茶厂的文化营销提供了广阔的空间。文化营销的类型有以下几种。

（一）历史文化营销

普洱茶具有悠久的历史和深厚的文化底蕴，普洱茶厂可以通过讲述普洱茶的历史故事、传承文化等方式，将普洱茶的历史文化价值传递给消费者，以提升品牌的文化品位。

（二）地域文化营销

普洱茶产地具有独特的地理环境和人文风情，普洱茶厂可以通过宣传普洱茶产地的地域文化特色，如云南的茶马古道、傣族的饮茶习俗等，增强消费者对普洱茶产地的认知和向往。

（三）茶文化体验营销

普洱茶厂可以通过举办茶文化体验活动，如茶艺表演、品茶会、茶文化讲座等，让消费者亲身体验普洱茶的魅力，加深对普洱茶文化的理解和认同感。

（四）跨界文化营销

普洱茶厂可以与其他文化领域进行跨界合作，如与书法、绘画、音乐等艺术形式结合，推出具有文化内涵的普洱茶产品，满足消费者对多元化文化体验的需求。

五、关系营销

关系营销是指通过建立、维护和强化与各类利益相关者（包括消费者、渠道伙伴、员工、社区等）之间的长期、互利的关系，以实现营销目标和提升品牌价值的策略。在普洱茶行业中，关系营销尤为重要，因为它强调建立深厚的情感联系和信任，从而促进品牌忠诚度和口碑传播。关系营销有以下几种类型。

（一）顾客关系营销

普洱茶厂通过与顾客建立长期的个性化关系，提供能够满足他们需求的产品和服务，并提供优质的售后服务和客户支持，以提高顾客满意度和忠诚度。

（二）渠道关系营销

普洱茶厂应与经销商、零售商和其他渠道伙伴建立紧密的合作关系，共同推广普洱茶产品，扩大市场份额，包括提供销售支持、市场宣传、培训等方面的支持，以激励渠道伙伴更好地推广产品。

（三）员工关系营销

普洱茶厂应重视员工的需求和福利，并为员工提供良好的工作环境和培训机会，激励员工为品牌的发展作出贡献。对企业感到满意的员工更有可能提供优质的服务，从而增强顾客对品牌的满意度和忠诚度。

（四）社区关系营销

普洱茶厂应与所在社区建立积极的合作关系，参与社区活动，支持当地慈善事业，以提升品牌形象和社区影响力。这有助于建立品牌与社区之间的深厚联系，增强消费者对品牌的认同感。

第八章 普洱茶厂品牌管理

第一节 茶叶品牌与茶业竞争力提升

一、茶叶品牌概述

（一）茶叶品牌的概念

茶叶品牌是指供应商或生产商为了区分自己的产品与竞争对手的产品而推出的单个产品名称，通常以图案、标识、品牌故事等形式加以展示。在茶叶市场中，品牌可以帮助消费者识别和记忆不同的产品，同时也是茶厂建立品牌形象、提高市场竞争力的重要手段。

茶叶品牌不仅是茶厂的名字或商标，它还包括品牌定位、品牌形象、品牌传播和品牌维护等多个方面。品牌定位是品牌建设的核心，它决定了品牌在市场中的竞争力和发展方向。品牌形象是指品牌传达给消费者的整体印象，包括产品包装、口感、香气等方面。品牌传播是指通过各种渠道将品牌信息传递给消费者，以提高品牌知名度和美誉度。品牌维护是指保持品牌形象和口碑的稳定，防止品牌危机和风险的发生。

对于茶厂来说，建立和维护一个成功的茶叶品牌需要深入了解市场需求、消费者心理和行业趋势，同时也需要注重产品质量、服务和品牌形象的不断提升。只有这样，才能在激烈的市场竞争中脱颖而出，赢得消费者的信任和支持。

（二）建立茶叶品牌的重要性

在茶叶市场中，品牌已成为消费者选择产品的重要因素之一。随着茶文化的不断普及和市场竞争的加剧，建立茶叶品牌的重要性也日益凸显。本节将从多个方面探讨建立茶叶品牌的重要性。

1. 提升产品附加值和市场竞争力

品牌是一种无形资产，它可以为产品带来附加值，提高产品的售价和市场竞争力。在茶叶市场中，品牌的影响力往往比产品本身更重要。消费者在选择茶叶时，往往会优先考虑知名品牌，因为这些品牌代表着高品质、高信誉和高保障。通过建立茶叶品牌，茶厂可以将自己的产品与竞争对手区分开来，形成独特的市场定位和品牌形象，从而吸引更多消费者的关注和认可，提高产品的附加值和市场竞争力。

2. 增强消费者信任度和忠诚度

品牌是消费者对茶厂的信任和认可的体现。在茶叶市场中，消费者往往会根据自己的经验和口碑来选择品牌，因为他们相信知名品牌能够为其提供更好的产品和服务。通过建立茶叶品牌，茶厂可以向消费者传递自己的品牌理念、产品质量和服务承诺等信息，从而增强消费者的信任度和忠诚度。一旦消费者形成了对品牌的认可和信赖，他们就会成为品牌忠实的支持者，为品牌的发展提供稳定的客源和市场基础。

3. 塑造企业形象和文化

品牌是企业形象和文化的重要载体。通过建立茶叶品牌，茶厂可以展示自己的公司文化、价值观念和经营理念，从而塑造良好的形象和文化。这些元素不仅可以吸引消费者的关注和认可，还可以为茶厂内部员工提供共同的价值追求和行为准则，增强茶厂的凝聚力和向心力。同时，品牌形象和文化也是茶厂进行品牌传播和推广的重要内容，它们可以帮助茶厂在市场中树立良好的口碑和形象，提高品牌知名度和美誉度。

4. 扩大市场份额，拓宽销售渠道

品牌是茶厂扩大市场份额和拓宽销售渠道的重要手段。在茶叶市场中，知名品牌往往拥有更广泛的市场份额和销售渠道，其能够吸引更多消费者的关注和购买。通过建立茶叶品牌，茶厂可以将自己的产品推向更广阔的市场空间。同时，品牌还可以为茶厂带来更多的商业合作机会和发展空间，促进茶厂的可持续发展。

5．提高品牌价值和资产

品牌是茶厂的重要资产之一，它可以为茶厂带来长期的经济效益和社会价值。通过建立茶叶品牌，企业可以提高自己的品牌价值和资产，为茶厂的未来发展提供坚实的品牌基础。随着品牌知名度和美誉度的不断提高，品牌的资产价值也会不断攀升，为茶厂带来更多的商业机会和更大的利润空间。

二、打造茶叶品牌，提升茶叶竞争力

普洱茶厂建立自己的茶叶品牌，需要一系列的策略和执行步骤，以下是一些关键的建议。

（一）确定品牌定位

普洱茶厂需要明确自己的品牌定位，包括确定目标市场、消费者群体以及品牌的核心价值。品牌定位应该与普洱茶的特点和市场需求相结合，突出品牌的独特性和优势。

（二）塑造品牌形象

品牌形象是消费者对品牌的整体感知。普洱茶厂需要通过包装设计、标志设计、广告宣传等方式来塑造自己的品牌形象。包装设计应该突出普洱茶的特点和文化内涵；标志设计应该简洁易记；广告宣传应该传递品牌的理念和价值。

（三）确保产品品质

品质是构建品牌信誉的基石。普洱茶厂必须严格监督原料的采集、生产流程的执行以及产品的质量检测等关键环节，以确保所生产的普洱茶不仅能达到国家标准，更能满足消费者的期待。唯有坚守产品品质，普洱茶厂才能赢得消费者的信赖，进而在市场中树立良好的口碑。

（四）建立销售渠道

普洱茶厂需要建立稳定的销售渠道，包括线上和线下的销售渠道。线上销售渠道可以通过电商平台、社交媒体等方式进行，线下销售渠道可以通过专卖店、茶楼、超市等方式进行。建立多元化的销售渠道可以提高品牌的曝光度和增加销售机会。

（五）推广品牌知名度

有效的品牌传播对于提高品牌的认知度和声誉至关重要。普洱茶厂应利用多元化的媒体渠道，如电视、广播、报纸和杂志，进行广泛的广告宣传。茶厂还应积极参与茶博会、茶文化节等线下活动，为消费者提供直接的互动体验机会，以此深化品牌形象，提高品牌影响力。

（六）提供优质服务

优质服务是提升品牌口碑和客户忠诚度的关键。普洱茶厂需要提供售前咨询、售后保障等全方位的服务，解决消费者在购买和使用过程中遇到的问题。通过提供优质的服务，可以赢得消费者的认可和口碑传播。

（七）持续创新

市场环境和消费者需求是不断变化的，普洱茶厂需要持续创新，不断推出符合市场需求的新产品和新服务。创新包括产品创新、包装创新、营销创新等方面，通过创新可以保持品牌的活力和竞争力。

第二节 普洱茶厂品牌战略与建设

一、普洱茶厂品牌战略的意义

在当今竞争激烈的茶叶市场中，普洱茶厂要想脱颖而出，赢得消费者的青睐和扩大市场份额，就必须实施有效的品牌战略。品牌战略对于普洱茶厂来说，具有深远的意义，它不仅关乎茶厂的生存和发展，还影响着整个普洱茶产业的未来。

（一）提升市场竞争力

普洱茶市场品牌众多，竞争激烈。通过实施品牌战略，普洱茶厂可以明确自己的市场定位和目标消费群体，有针对性地开发适合消费者需求的产品。品牌战略有助于普洱茶厂在市场中形成独特的竞争优势，提高产品的附加值，从而扩大茶厂的市场份额和提高茶厂的盈利能力。同时，品牌战略还能帮助普洱茶厂在消费者心中树立起良好的品牌形象和口碑，提升消费者对产品的信任度和忠诚度，进而形成品牌壁垒，有效地抵御竞争对手的冲击。

（二）增强品牌资产价值

品牌是茶厂的无形资产，具有巨大的经济价值。通过实施品牌战略，普洱茶厂可以不断提升品牌的知名度和美誉度，使品牌在消费者心中形成独特的印象。随着品牌价值的提升，普洱茶厂的品牌资产也会不断增值，为茶厂带来更多的商业机会和利润空间。此外，品牌战略还有助于普洱茶厂在资本市场中获得更高的估值和投资回报，为茶厂的快速发展提供有力支持。

（三）促进产品创新和升级

品牌战略要求普洱茶厂不断关注市场动态和消费者需求变化，及时进行产品创新和升级。为了满足消费者的多元化需求，普洱茶厂需要不断研发新产品、优化产品结构和提升产品品质。这不仅有助于普洱茶厂保持市场竞争优势，还能推动整个普洱茶产业的技术进步和产业升级。同时，产品创新还能为普洱茶厂带来更多的知识产权和专利技术，提升茶厂的核心竞争力。

（四）拓展国内外市场

品牌战略有助于普洱茶厂拓展国内外市场，实现茶厂的国际化发展。通过打造具有国际影响力的品牌，普洱茶厂可以吸引更多国内外消费者的关注和购买，从而扩大产品的销售范围和市场份额。此外，品牌战略还能帮助普洱茶厂在国际市场上树立起良好的国家形象和文化形象，推动中国茶文化的传播和交流，为普洱茶产业的国际化发展贡献一分力量。

（五）提升综合竞争力

品牌战略是提升茶厂综合竞争力的重要手段。通过实施品牌战略，普洱茶厂可以优化茶厂资源配置，提高茶厂的管理效率和市场响应速度。品牌战略还能推动普洱茶厂加强公司文化建设、人才培养和团队建设等方面的工作，为茶厂的长期发展奠定坚实的基础。在品牌战略的引领下，普洱茶厂可以不断提升自身的综合实力和竞争优势，实现茶企业的可持续发展。

二、普洱茶厂品牌战略的主要类型

在日益激烈的市场竞争中，普洱茶厂为了巩固市场地位，必须明确并实施有效的品牌战略。品牌战略总体上可以分为以下几种主要类型。

（一）单一品牌战略

单一品牌战略是指普洱茶厂将所有产品都统一在一个品牌之下进行销售和推广。这种战略的优点在于能够集中资源打造强势品牌，提高品牌知名度和美誉度，降低新产品进入市场的风险。同时，单一品牌战略也有助于提高消费者对品牌的忠诚度，简化购买决策过程。

单一品牌战略也存在一定的风险。一旦某一产品出现问题，可能会对整个品牌造成负面影响，导致消费者信任的丧失。此外，单一品牌战略可能难以满足不同消费群体的多元化需求，限制了市场潜力的开发。

（二）多品牌战略

多品牌战略是指普洱茶厂同时拥有多个独立品牌，每个品牌针对不同的消费群体或市场细分。这种战略的优点在于能够充分满足不同消费者的需求，扩大市场份额。同时，多品牌战略还能降低单一品牌的风险，一旦某一品牌出现问题，其他品牌可以作为补充，维持企业的整体运营。

（三）主副品牌战略

主副品牌战略是指在同一产品系列中同时采用主品牌和副品牌两个名称。主品牌通常是茶厂的核心品牌，具有较高的知名度和美誉度；副品牌则针对特定产品或市场细分，具有独特的卖点和市场定位。这种战略的优点在于能够借助主品牌的影响力推广新产品，降低市场推广的难度和成本。同时，副品牌也能够突出产品的个性化和差异化特点，满足不同消费者的需求。

（四）联合品牌战略

联合品牌战略是指普洱茶厂与其他企业或品牌进行合作，共同推出新产品或开拓新市场。这种战略的优点在于能够实现资源共享和优势互补，提高市场竞争力。同时，联合品牌战略也有助于降低市场推广的风险和成本，扩大品牌的影响力。

（五）全球化品牌战略

随着全球经济一体化的深入发展，普洱茶厂也开始将目光投向国际市场。全球化品牌战略是指普洱茶厂在全球范围内推广和销售自己的品牌产品。这种战略的优点在于能够拓展销售渠道，增加收入来源，提高茶厂的国际竞争力。

（六）本土化品牌战略

本土化品牌战略是指普洱茶厂针对不同国家和地区的市场需求和文化特点，制定有针对性的品牌策略和推广方案。这种战略的优点在于能够更好地满足当地消费者的需求，提高产品的市场接受度和竞争力。

三、普洱茶厂品牌战略规划

（一）品牌战略的环境分析

普洱茶厂品牌战略的环境分析主要涉及外部宏观环境、行业环境以及内部环境三个方面。以下是具体的分析内容。

1. 外部宏观环境分析

（1）政治环境。政治环境的稳定性对于普洱茶厂的品牌战略实施具有重要影响。当前，我国政治环境稳定，政府大力支持农业和茶文化的发展，为普洱茶厂提供了良好的政策环境。

（2）经济环境。随着国内经济的持续增长，消费者的购买能力不断提升，对高品质普洱茶的需求也在逐渐增加。此外，普洱茶还具有一定的收藏和投资价值，吸引了越来越多的消费者关注。

（3）社会文化环境。普洱茶作为中国传统文化的重要组成部分，具有悠久的历史和深厚的文化底蕴。随着健康饮食观念的普及，越来越多的消费者开始关注普洱茶的保健功能，为普洱茶厂的品牌战略实施提供了广阔的市场空间。

（4）技术环境。科技的进步和创新为普洱茶厂的品牌战略实施提供了有力支持。例如，互联网、大数据、人工智能等技术的应用，可以帮助普洱茶厂更精准地洞察市场需求，提升品牌传播效果，优化供应链管理等。

2. 行业环境分析

（1）行业竞争格局。普洱茶市场竞争激烈，各大品牌纷纷加大市场推广力度，争夺市场份额。普洱茶厂需要深入了解竞争对手的优劣势，制定有针对性的品牌战略。

（2）消费者需求。消费者对普洱茶的需求日益多元化和个性化。他们不仅关注产品的品质和口感，还注重产品的文化内涵、包装设计以及购买体验等。普洱茶厂需要紧密关注消费者需求的变化，及时调整品牌战略。

（3）渠道变革。随着互联网和移动互联网的普及，线上销售逐渐成为普洱茶市场的重要销售渠道。普洱茶厂需要积极拓展线上销售渠道，提升品牌曝光度和购买便利性。

3. 内部环境分析

（1）企业资源。普洱茶厂需要评估自身的资源状况，包括原料资源、生产资源、人力资源等。这些资源是实施品牌战略的基础，决定了企业的核心竞争力和市场竞争优势。

（2）企业能力。普洱茶厂需要评估自身的研发能力、生产能力、营销能力等。这些能力是影响品牌战略实施效果的关键因素，决定了企业能否满足市场需求和应对市场挑战。

（3）企业文化。企业文化是普洱茶厂品牌战略的重要组成部分。通过营造积极向上、团结协作的企业文化氛围有助于提升员工的归属感和工作积极性，进而推动品牌战略的顺利实施。

（二）品牌战略资源条件分析

普洱茶厂在实施品牌战略时，需要深入分析其拥有的资源条件，以确保战略的有效实施和企业的可持续发展。以下是对普洱茶厂品牌战略资源条件的具体分析。

1. 原料资源

普洱茶的制作对原料茶叶的品质有着极高的要求。普洱茶厂所拥有的原料资源，包括茶园的地理位置、气候条件、土壤特性以及茶树的品种等，都直接影响着普洱茶的品质和口感。拥有优质原料资源的普洱茶厂，在生产高品质普洱茶方面具有天然的优势，这是其实施品牌战略的重要基础。

2．生产资源

生产资源主要包括生产设备、生产工艺以及生产人员等。先进的生产设备可以提高生产效率，保证产品质量的稳定性；独特的生产工艺是形成普洱茶独特口感和品质的关键；熟练的生产人员则是保证生产工艺得以有效执行的重要因素。普洱茶厂在生产资源方面的积累，将直接决定其品牌战略的实施效果。

3．市场资源

市场资源主要包括品牌知名度、市场份额以及销售渠道等。在普洱茶市场中，品牌知名度和市场份额是衡量企业经营状况的重要指标。拥有较高品牌知名度和市场份额的普洱茶厂，在实施品牌战略时具有更大的话语权和影响力。同时，多元化的销售渠道也是普洱茶厂拓展市场、提高销售业绩的重要途径。

4．人力资源

人力资源是普洱茶厂实施品牌战略的核心力量。拥有专业的管理团队、技术研发团队以及营销团队，可以为普洱茶厂的品牌战略提供有力的支持。管理团队具备战略规划和执行能力，能够引领企业朝着既定的目标前进；技术研发团队负责产品的创新和优化，以满足市场和消费者的需求；营销团队负责品牌的传播和推广，提高企业的知名度和美誉度。

5．文化资源

普洱茶不仅是一种饮品，更是一种文化的传承。普洱茶厂所拥有的文化资源，包括普洱茶的历史文化、地域文化以及企业文化等，都是其品牌战略中不可或缺的重要元素。通过深入挖掘和利用这些文化资源，普洱茶厂可以丰富其品牌的内涵，提升品牌的附加值，从而在激烈的市场竞争中脱颖而出。

（三）品牌战略规划的制订步骤

1．进行市场分析

要对普洱茶市场进行深入分析，了解市场的规模、增长趋势、消费者需求以及竞争对手的情况。这有助于普洱茶厂了解市场情况，确定自己在市场中的位置，为后续的品牌战略规划提供基础。

2．明确品牌定位

在了解市场情况的基础上，普洱茶厂需要明确自己的品牌定位，包括确定目标消费者群体、品牌的核心价值以及品牌的差异化优势。品牌定位需要与普洱茶厂的产品特性、企业文化和市场机会相契合，以形成独特的品牌印象。

3．制定品牌目标

制定明确的品牌目标是品牌战略规划的关键步骤。普洱茶厂需要制定短期和长期的品牌目标，这些目标应该具体、可衡量且与企业整体战略相一致。例如，提高品牌知名度、市场份额或消费者满意度等。

4．设计品牌识别系统

品牌识别系统包括品牌名称、标志、口号、视觉形象等元素。普洱茶厂需要设计独特的品牌识别系统，以体现品牌的核心价值和差异化优势。同时，品牌识别系统需要与消费者的认知和期望相符合，以便于消费者识别和记忆。

5．制定品牌传播策略

有效的品牌传播策略对于提升品牌知名度和美誉度至关重要。普洱茶厂需要制定整合的品牌传播策略，包括广告、公关、促销、社交媒体等多种传播渠道。这些传播活动应该协调一致，共同传递品牌的核心信息和价值。

6．实施与监测

普洱茶厂需要制订详细的实施计划，明确各项品牌战略举措的责任人、时间表和预算。同时，建立有效的监测和评估机制，对品牌战略的实施效果进行定期评估和调整，以确保品牌目标的实现。

四、普洱茶厂品牌建设的主要内容

（一）品牌定位

1．品牌的市场定位

普洱茶厂品牌的市场定位是一个复杂而精细的过程，它要求企业在深入理解普洱茶的文化价值、消费者的需求与偏好，以及在市场竞争态势的基础上，找到一个既符合自身产品特性又能满足消费者期望的独特位置。

普洱茶，作为中国传统名茶，历史悠久，文化底蕴深厚。它以其独特的发酵工艺、醇厚的口感和越陈越香的特性，受到众多茶友的喜爱。然而，在茶叶市场竞争日益激烈的今天，普洱茶厂要想在市场中占据一席之地，就必须明确自己的市场定位。

普洱茶厂品牌的市场定位首先体现在对目标市场的选择上。考虑到普洱茶的品质特点和消费群体的特性，普洱茶厂应将目标市场锁定在追求健康生活、注重品质的中高端消费群体。这一群体对茶叶的品质、口感和保健功能有着较高的要求，他们不仅注重茶叶的味道，更看重茶叶的文化内涵和养生价值。

在确定了目标市场后，普洱茶厂应进一步洞察消费者的需求和偏好。通过市场调研和数据分析，发现中高端消费群体对普洱茶的需求主要集中在口感醇厚、香气独特，具有一定的保健功能等方面。同时，他们还注重产品的包装设计和文化内涵。针对这些需求，普洱茶厂需要在产品研发、生产工艺和包装设计等方面进行改进和优化，力求为消费者提供高品质的普洱茶产品。

为了与竞争对手形成差异化，普洱茶厂在品牌的市场定位中应强调自己产品的独特性和文化价值。普洱茶厂要注重传承和发扬普洱茶文化，通过讲述普洱茶的历史故事、展示传统制作工艺等方式，提升品牌的文化附加值。普洱茶厂还应注重产品的创新，不断推出符合消费者需求的新产品，以满足市场的多元化需求。

在价格策略上，普洱茶厂根据产品的品质、口感和文化附加值等因素，将价格定位在中高端水平。这既体现了产品的品质和价值，也符合中高端消费群体的购买能力和消费心理。

在渠道选择上，普洱茶厂注重线上与线下的结合。线下通过专卖店、高端超市等实体渠道展示产品形象和提升消费者体验；线上则通过电商平台和社交媒体等渠道扩大销售网络和提升品牌影响力。

2. 品牌的文化定位

普洱茶厂品牌的文化定位，是其在茶叶市场中塑造独特形象、传递深层价值的核心策略。普洱茶不仅是一种饮品，更是一种文化的传承和表达。因此，普洱茶厂在品牌的文化定位上，需要深入挖掘普洱茶的历史底蕴、传统工艺以及其所承载的东方哲学与生活智慧。

普洱茶的历史悠久，可以追溯至上千年前。它见证了中华文明的兴衰更迭，是中华茶文化的重要组成部分。普洱茶厂在品牌的文化定位中，首先强调的就是这份历史的厚重感。通过讲述普洱茶的古老传说、历史典故，以及其在茶马古道上的重要地位，普洱茶厂将消费者带入一个充满韵味和故事的世界，让消费者在品味普洱茶的同时，也能感受到中华文化的博大精深。

除历史底蕴外，普洱茶的传统工艺也是其文化定位中不可或缺的一部分。普洱茶的制作过程复杂而精细，每一步都蕴含着茶农的匠心独运和世代传承的智慧。普洱茶厂在品牌的文化定位中，应注重展示普洱茶的传统制作工艺，如采摘、杀青、揉捻、发酵、陈化等。普洱茶厂通过让消费者了解这些工艺背后的精湛技艺和艰辛付出，不仅提升了产品的附加值，更在消费者心中树立了专业、高品质的品牌形象。

此外，普洱茶所承载的东方哲学与生活智慧，也是普洱茶厂品牌文化定位中的重要内容。普洱茶以其独特的口感和香气，给人以宁静、内敛、深沉的体验，这与东方哲学中的"清静""淡泊""内敛"等思想不谋而合。普洱茶厂在品牌的文化定位中，要注重传递这些东方哲学思想，倡导一种健康、自然、和谐的生活方式，让消费者在品味普洱茶的同时，也能感受到东方哲学的魅力，还能在消费者心中建立起深刻而独特的品牌印象。

（二）品牌设计

普洱茶厂品牌设计是一个综合性的过程，涉及多个方面的考量，具体有以下几个方面。

1．品牌定位分析

品牌定位是品牌设计的核心，它决定了品牌在市场中的独特位置和价值。普洱茶厂在进行品牌设计时，要明确自己的品牌定位，通过深入了解市场需求和消费者偏好，普洱茶厂可以找到一个既符合自身产品特性又能满足消费者期望的独特位置，为品牌设计提供明确的方向。

2．品牌形象设计

品牌形象是消费者对品牌的整体感知，包括品牌的视觉形象、口碑形象和文化形象等。在品牌设计中，普洱茶厂需要注重塑造自己的品牌形象。视觉形象方面，可以通过设计独特的标志、选择符合品牌调性的色彩和字体等，营造出品牌的独特氛围；口碑形象方面，可以通过积极宣传产品的口感、品质和文化内涵等，提升消费者对品牌的认知和好感度；文化形象方面，可以深入挖掘普洱茶的历史文化底蕴，将其融入品牌设计中，提升品牌的文化附加值。

3．包装设计分析

包装是产品的重要组成部分，也是品牌与消费者直接接触的媒介。在品牌设计中，普洱茶厂需要注重包装设计的分析。首先，包装设计要符合产品的特性和市场需求，能够突出普洱茶的品质和文化内涵。其次，包装设计要注重创新性和美观性，能够吸引消费者的眼球并激发消费者的购买欲望。最后，包装设计还要考虑实用性和环保性，方便消费者的使用和携带，同时符合可持续发展的理念。

4. 营销策略分析

营销策略是品牌设计的重要环节，它决定了品牌如何向消费者传递价值并实现销售增长。在品牌设计中，普洱茶厂需要制定符合市场需求的营销策略。首先，可以通过线上线下的多元化销售渠道扩大市场份额。其次，可以与茶文化相关的机构合作开展品牌推广活动，提升品牌知名度和美誉度。最后，可以通过优惠促销、会员制度等方式吸引消费者关注和购买，提升销售业绩。

（三）产品质量与创新

产品质量是品牌建设的基石。普洱茶厂需要确保其生产的普洱茶具有高品质和独特性，以满足消费者的需求。同时，不断进行产品创新，包括研发新的茶叶品种、改进生产工艺等，以保持品牌的竞争力和吸引力。

（四）品牌文化与传承

普洱茶具有悠久的历史和深厚的文化底蕴，因此，在品牌建设中注入文化元素至关重要。普洱茶厂可以挖掘普洱茶的历史故事、传统制作工艺等，并将其融入品牌文化中，提升品牌的附加值和认同感。同时，注重品牌文化的传承与发展，使消费者在品尝普洱茶的同时，也能感受到品牌所承载的文化内涵。

（五）品牌传播与推广

有效的品牌传播与推广是品牌建设的关键环节。普洱茶厂需要制定整合的品牌传播策略，包括线上线下的多元化宣传渠道。例如，通过社交媒体、广告、公关活动等方式提升品牌知名度和美誉度；通过参加茶叶博览会、举办品茶活动等方式与消费者进行互动体验，增强品牌忠诚度。

（六）客户服务与体验

优质的客户服务与体验是提升品牌形象和口碑的重要途径。普洱茶厂需要建立和完善客户服务体系，包括售前咨询和售后服务等，为消费者提供全方位的服务支持。注重提升客户的购买和使用体验，如优化包装设计、提供便捷的购买渠道等，使消费者在享受普洱茶的同时感受到品牌的关怀与用心。

第三节 普洱茶厂品牌运营与传播

一、品牌运营策略

（一）品牌管理体系建设

在普洱茶市场的激烈竞争中，品牌运营策略对于普洱茶厂的成功至关重要。一个完善的品牌运营策略不仅有助于提升品牌知名度和美誉度，还能增强消费者对品牌的忠诚度和信任感。其中，品牌管理体系建设是品牌运营策略的基础和核心。

1. 设立品牌管理部门

设立专门的品牌管理部门是普洱茶厂实施品牌运营策略的第一步。品牌管理部门应负责全面规划、组织、实施和监督品牌的各项运营活动，确保品牌战略的有效执行。

首先，品牌管理部门需要明确其职责和权限。这包括制定品牌战略、监督品牌形象、管理品牌资产、协调内外部沟通等。通过明确职责和权限，品牌管理部门能够确保各项品牌运营活动的顺利进行，避免出现混乱和冲突。

其次，品牌管理部门需要配备专业的人员。这些人员应具备市场营销、品牌管理、公关传播等方面的专业知识和技能，能够胜任品牌运营的各项任务。同时，他们还需要对普洱茶市场和消费者需求有深入的了解，以便更好地制定和执行品牌战略。

最后，品牌管理部门需要与其他部门密切合作。品牌运营涉及企业的各个方面，需要市场、研发、生产、销售等多个部门的支持和配合。因此，品牌管理部门需要与其他部门建立良好的沟通和协作关系，共同推动品牌的发展。

2. 制定品牌管理制度和流程

制定完善的品牌管理制度和流程是确保品牌运营策略有效执行的关键。这些制度和流程应涵盖品牌战略的制定、实施、监督和评估等各个环节，为品牌运营提供明确的指导和保障。

首先，品牌管理制度应明确品牌战略的目标和原则。这包括确定品牌的核心价值、目标市场、竞争策略等，为品牌的长期发展提供方向。同时，制度还应规定品牌运营的基本原则和要求，如保持品牌形象的一致性、注重品牌文化的传承等。

其次，品牌管理流程应规范各项品牌运营活动。这包括市场调研、品牌定位、品牌传播、品牌危机管理等各个环节。通过规范的流程，普洱茶厂能够确保各项品牌运营活动的有序进行，提高运营效率和质量。

最后，品牌管理制度和流程需要不断更新和完善。市场环境的变化和消费者需求的变化都会对品牌运营产生影响。因此，普洱茶厂需要定期对品牌管理制度和流程进行审查和更新，确保其适应市场的变化和企业的发展需求。

（二）品牌延伸与扩展

在普洱茶市场的竞争中，品牌延伸与扩展是普洱茶厂提升品牌影响力、增强市场竞争力的重要手段。通过开发不同系列的产品线和探索新的市场领域和消费群体，普洱茶厂能够不断满足消费者的多样化需求，扩大市场份额，实现品牌的可持续发展。

1．开发不同系列的产品线

随着消费者对普洱茶需求的多样化，普洱茶厂需要开发不同系列的产品线，以满足不同消费群体的需求。

首先，普洱茶厂可以针对不同的消费群体开发不同口味、不同功效的普洱茶产品。例如，针对注重养生的老年群体，可以开发具有降压、降脂、降糖等功效的保健茶；针对追求时尚和口感的年轻群体，可以开发口感鲜爽、香气独特的创新茶品。通过开发多样化的产品系列，普洱茶厂能够吸引更多的消费者，提升品牌的市场占有率。

其次，普洱茶厂还可以开发不同规格、不同包装的产品，以满足不同消费场景的需求。例如，开发适合家庭饮用的普通包装茶、适合送礼的精美礼盒茶、适合办公室饮用的便捷装茶等。通过提供多样化的产品规格和包装，普洱茶厂能够满足消费者在不同场合下的饮茶需求，提升品牌的实用性和便利性。

最后，普洱茶厂在开发新产品时，要注重产品的品质和安全性。普洱茶作为一种传统饮品，其品质和安全性是消费者最为关注的问题。

2. 探索新的市场领域和消费群体

随着普洱茶市场的不断扩大和消费者需求的多样化，普洱茶厂需要不断探索新的市场领域和消费群体，以寻找新的增长点。

首先，普洱茶厂可以关注国内外市场的变化和趋势，寻找新的市场机会。例如，随着健康饮食的兴起和茶文化的传播，普洱茶在国际市场上的需求逐渐增加。普洱茶厂可以通过参加国际展览、开拓海外市场等方式，将普洱茶推向更广阔的国际舞台。

其次，普洱茶厂可以关注新兴消费群体的需求和特点，开发符合他们需求的新产品。例如，随着年轻消费群体的崛起和银发经济的兴起，这些群体在普洱茶市场中的影响力逐渐增强。普洱茶厂可以通过市场调研和数据分析等方式，深入了解这些新兴消费群体的需求和特点，开发符合他们口味和审美的新产品。

最后，在探索新市场领域和消费群体的过程中，普洱茶厂需要注重品牌形象的塑造和传播。品牌形象是消费者认知和选择品牌的重要因素。因此，普洱茶厂需要通过各种渠道和方式传播品牌的核心价值和差异化优势，提升品牌的知名度和美誉度。

（三）品牌合作与联盟

面对普洱茶产业日益激烈的竞争态势，普洱茶厂为提升品牌影响力及市场竞争力，越发重视品牌合作与联盟的构建与发展。通过与产业链上下游企业的合作以及跨界合作，普洱茶厂能够整合各方资源，实现优势互补，共同推动品牌的发展。

1. 与产业链上下游企业的合作

普洱茶产业链包括原料种植、初制加工、精制加工、销售等多个环节。普洱茶厂作为产业链中的一环，与上下游企业之间存在着紧密的联系。因此，寻求与产业链上下游企业的合作，对于普洱茶厂的品牌发展具有重要意义。

首先，与原料种植企业的合作能够确保普洱茶厂获得优质、稳定的原料供应。普洱茶的品质与原料的品质密切相关，而原料的品质又受到种植环境、种植技术等多种因素的影响。通过与原料种植企业建立长期稳定的合作关系，普洱茶厂能够确保原料的品质和原料供应的稳定性，为生产高品质的普洱茶奠定基础。

其次，与初制加工、精制加工企业的合作能够提升普洱茶厂的生产效率和产品品质。初制加工和精制加工是普洱茶生产过程中的重要环节，对于产品的品质和口感具有重要影响。通过与这些企业建立合作关系，普洱茶厂能够借鉴和学习先进的生产工艺和技术，提升自身的生产效率和产品品质。

最后，与销售企业的合作能够拓展普洱茶厂的销售渠道和扩大茶厂的市场份额。销售是普洱茶产业链中的最终环节，也是品牌实现市场价值的关键环节。通过与销售企业建立合作关系，普洱茶厂能够利用销售企业的渠道和资源，将产品推向更广阔的市场，提升品牌的市场占有率和影响力。

2．跨界合作

跨界合作是指普洱茶厂与其他产业或领域的企业进行合作，共同推动品牌的发展。跨界合作能够打破固有的产业边界，整合各方资源，为品牌的发展注入新的活力和动力。

首先，普洱茶厂可以与文化产业进行合作。通过与文化产业进行合作，普洱茶厂能够深入挖掘普洱茶的文化内涵和历史价值，将普洱茶与文化相结合，提升品牌的文化附加值和影响力。

其次，普洱茶厂可以与旅游产业进行合作。普洱茶产区拥有丰富的自然资源和人文景观，是旅游产业发展的重要区域。通过与旅游产业进行合作，普洱茶厂能够将普洱茶文化与旅游相结合，打造普洱茶旅游品牌，吸引更多的游客前来品茶、观光、旅游，提升品牌的知名度和美誉度。

最后，普洱茶厂还可以与科技产业进行合作。随着科技的不断发展，科技产业对于传统产业的转型升级具有重要意义。通过与科技产业进行合作，普洱茶厂能够引入先进的科技手段和设备，提升生产效率和产品品质。同时，还可以利用互联网、大数据等新技术手段进行品牌推广和营销，扩大品牌的市场份额和提升品牌的影响力。

（四）品牌危机管理

在普洱茶市场竞争日益激烈的今天，品牌危机管理已成为普洱茶厂必须高度重视的一项工作。品牌危机不仅会给企业带来巨大的经济损失，还可能对品牌形象造成长期的负面影响。因此，建立有效的危机预警机制和制定科学的危机应对预案，对普洱茶厂来说至关重要。

1．建立危机预警机制

危机预警机制是品牌危机管理的第一道防线，它能够在危机发生前及时发

现潜在的风险和隐患,为企业争取宝贵的应对时间。普洱茶厂建立危机预警机制,需要从以下几个方面入手:

首先,要构建完善的信息收集系统。通过市场调研、消费者反馈、媒体报道等多种渠道,全面收集与普洱茶厂品牌相关的各类信息,包括行业动态、竞品情况、消费者需求变化等。

其次,要建立科学的风险评估体系。对收集到的信息进行整理和分析,识别出可能对品牌造成威胁的潜在风险因素,如产品质量问题、恶性竞争、负面舆论等,并评估其发生的可能性和危害程度。

最后,要明确预警指标和触发条件。根据风险评估结果,设定一系列具体的预警指标和触发条件,如消费者投诉量突然增加、媒体曝光量异常上升等。一旦这些指标或条件被触发,预警机制应立即启动,向企业发出危机警报。

2．制定危机应对预案

危机应对预案是普洱茶厂在危机发生时进行快速、有效应对的重要依据。一个完善的危机应对预案应该包括以下几个方面:

首先,要明确危机应对的组织架构和人员职责。成立专门的危机应对小组,明确小组各成员的职责和分工,确保在危机发生时能够迅速响应、协同作战。

其次,要制定具体的应对措施和流程。针对不同类型的危机事件,如产品质量问题、恶性竞争、自然灾害等,制定具体的应对措施和流程,包括危机事件的确认、内部沟通、外部公关、法律事务处理等。

最后,要注重预案的演练和更新。定期对危机应对预案进行演练和评估,发现不足之处及时改进和完善。同时,随着市场环境的变化和企业的发展,预案也需要不断进行调整和更新,以确保其始终适应实际需要。

二、品牌传播策略

(一)传播目标与受众定位

在竞争日益激烈的茶叶市场中,普洱茶厂要想树立独特的品牌形象并在茶叶市场中占据一席之地,就必须制定明确的品牌传播策略。这一策略的首要任务就是明确传播目标和精准定位受众群体。

1．明确传播目标

品牌传播的目标应该是多层次的，既要提升品牌知名度，也要塑造品牌形象，还要激发消费者的购买欲望并培养消费者对品牌的忠诚度。普洱茶厂在制定传播策略时，必须首先明确这些目标，以便所有的传播活动都能围绕这些目标展开，确保资源的有效利用。

首先，提升品牌知名度是最基本的传播目标。普洱茶厂需要通过各种渠道和方式让更多的人知道并记住自己的品牌。这可以通过广告宣传、公关活动、社交媒体推广等多种方式实现。

其次，塑造品牌形象是传播的重要目标。普洱茶厂希望自己的品牌在消费者心中留下怎样的印象？是高品质的代名词，还是传统文化的传承者，或是健康生活的倡导者？这些都需要通过传播策略来传达给消费者。

最后，激发消费者的购买欲望和培养消费者对品牌的忠诚度是品牌传播的长期目标。普洱茶厂需要通过各种方式吸引消费者购买自己的产品，并通过优质的产品和服务让他们成为回头客，进而成为品牌忠实的拥趸。

2．精准定位受众群体

要想实现有效的品牌传播，必须对受众进行精准定位。普洱茶厂的受众群体可能包括不同年龄、性别、职业、收入水平和消费习惯的人。因此，需要对这些群体进行细分，以便根据他们的特点和需求制定有针对性的传播策略。

（二）普洱茶厂传播内容与形式创新

在品牌传播的过程中，内容与形式的创新是吸引受众、提升品牌影响力的关键。普洱茶厂在这方面需要作出积极的尝试和突破。

1．挖掘品牌故事和文化内涵

普洱茶不仅是一种饮品，更是一种文化。普洱茶厂应该深入挖掘品牌背后的故事，如创始人的初衷、制茶师傅的匠心独运、茶叶产地的独特环境等，这些都能为品牌注入独特的魅力。同时，普洱茶的文化内涵也极为丰富，茶马古道、茶艺表演、茶道精神等都是值得传播的内容。通过这些故事和文化的传播，普洱茶厂能够与消费者建立更深的情感联结，提升品牌的认知度和忠诚度。

2．制作高质量的宣传资料

宣传资料是品牌传播的重要工具，其质量直接决定了消费者对品牌的第一印象。普洱茶厂应该注重宣传资料的设计和制作，包括宣传册、海报、视频等多种形式。这些资料在视觉上应该具有吸引力，能够迅速抓住消费者的眼球；在内容上应简洁明了，突出品牌的核心价值和优势；在情感上应与消费者产生共鸣，激发他们的购买欲望。

3．运用多样化的传播形式

在信息爆炸的时代，单一的传播形式已无法满足消费者的需求。普洱茶厂应该运用多样化的传播形式，如社交媒体推广、线下品鉴会、茶文化讲座等，全方位地触达目标受众。社交媒体推广可以迅速扩大品牌的影响力，吸引更多年轻消费者的关注；线下品鉴会可以让消费者亲身体验普洱茶的独特魅力，提升他们对品牌的认同感；茶文化讲座可以传播普洱茶的文化知识，提升品牌的文化附加值。通过这些多样化的传播形式，普洱茶厂可以在激烈的市场竞争中脱颖而出，实现品牌的可持续发展。

（三）传播渠道与媒介选择

在确定了普洱茶厂的传播内容与形式后，选择合适的传播渠道与媒介成为确保信息有效传递的关键。针对普洱茶厂的品牌特性和目标受众，线上和线下渠道各有优势，需要综合运用。

1．线上渠道

（1）社交媒体。利用微博、微信、抖音等社交媒体平台，普洱茶厂可以发布品牌动态、产品信息、茶文化知识等内容，与消费者进行实时互动。社交媒体具有传播速度快、覆盖范围广、互动性强等特点，是提升品牌知名度和美誉度的重要渠道。

（2）官方网站。官方网站是普洱茶厂展示品牌形象、发布官方信息、提供在线服务的重要窗口。通过优化网站设计、更新网站内容、提升用户体验，普洱茶厂可以吸引更多潜在消费者，提升网站的访问量和转化率。

（3）电商平台。在京东、天猫、拼多多等主流电商平台开设官方旗舰店，普洱茶厂可以拓宽销售渠道，提升产品销量。同时，电商平台也是展示品牌形象、传播品牌文化的重要阵地，通过与消费者的在线交流，可以收集市场反馈，优化产品和服务。

2．线下渠道

（1）实体店铺。实体店铺是普洱茶厂与消费者建立直接联系的重要场所。

通过精心设计店铺环境、展示产品特色、提供优质服务，普洱茶厂可以给消费者留下深刻印象，提升品牌忠诚度。

（2）茶文化活动。通过组织或参与各类茶文化活动，如茶艺表演、茶道讲座、品茶交流等，普洱茶厂可以与消费者进行深度互动，传播茶文化知识，提升品牌的文化附加值。

（3）行业展会。行业展会是获取行业信息、了解市场动态、提升品牌影响力的重要途径。通过参加国内外知名的茶叶展会，普洱茶厂可以展示品牌形象、推广新产品、拓展合作伙伴。

（四）普洱茶厂传播效果评估与优化

为了确保普洱茶厂的传播活动能够取得预期效果，并建立持续改进的机制，传播效果的评估与优化成为品牌传播策略中不可或缺的环节。

1．建立传播效果评估体系

普洱茶厂需要构建一套综合、科学的传播效果评估体系，该体系应包括传播范围、受众认知度、品牌形象、销售转化率等多个维度。通过设定具体的评估指标，如社交媒体粉丝量、网站访问量、品牌提及次数、消费者满意度等，可以量化分析传播活动的效果，为后续的优化提供数据支持。

2．定期收集和分析反馈数据

为了持续跟踪传播效果，普洱茶厂需要定期收集和分析来自不同渠道的反馈数据，包括社交媒体上的用户互动数据、官方网站和电商平台的访问数据、实体店铺的销售数据等。通过对这些数据进行深入挖掘和分析，可以了解受众的喜好、需求变化以及市场竞争态势，为优化传播策略提供有力依据。

3．优化传播策略，提升传播效果

基于传播效果评估的结果和对反馈数据的分析，普洱茶厂应及时调整和优化传播策略。例如，如果发现某个社交媒体平台的用户互动率较低，可以考虑调整内容策略或增加互动环节；如果销售转化率不达标，可以通过优化产品展示的方式或提供更具吸引力的优惠活动，来达到提高销售转化率的目的。通过不断地试错和改进，普洱茶厂可以逐步找到最适合自己的传播路径，实现传播效果的最大化。

三、品牌体验与互动

（一）产品体验设计

在品牌传播的过程中，产品本身的体验是消费者形成品牌印象的关键环节。普洱茶厂需要从多个维度提升产品的体验感，以深化消费者对品牌的认知和情感联结。

1. 优化产品包装和外观

产品的包装和外观是消费者最先接触到的品牌元素，直接影响他们的购买决策。普洱茶厂应该注重产品包装的设计，确保其既能体现品牌的核心价值，又能满足消费者的审美需求。在包装材料的选择上，应优先考虑环保、可持续的选项，以体现品牌的社会责任感。同时，产品的外观设计也应简洁大方，易于识别，使消费者在众多茶叶品牌中一眼就能认出普洱茶厂的产品。

2. 提供试饮和品鉴服务

试饮和品鉴是让消费者亲身体验产品品质的重要方式。普洱茶厂可以在实体店铺、茶文化活动中提供试饮服务，让消费者在购买前就能感受到普洱茶的独特口感和香气。此外，还可以定期举办品鉴会，邀请资深茶友和潜在消费者共同品鉴不同系列、不同年份的普洱茶，通过专业的讲解和引导，帮助他们深入了解普洱茶的品质特点和品鉴方法。这些体验式的营销活动不仅能够提升消费者对产品的认知度和好感度，还能为品牌培养一批忠实的拥护者。

（二）品牌活动策划与执行

品牌活动是普洱茶厂与消费者深度互动、传递品牌理念和文化内涵的重要途径。通过精心策划和执行各类品牌活动，普洱茶厂可以进一步拉近与消费者的距离，增强品牌影响力和美誉度。

1. 举办茶文化节、品茶会等活动

茶文化节和品茶会是普洱茶厂展示产品特色、传播茶文化、提升品牌形象的绝佳平台。在策划这类活动时，普洱茶厂应注重活动的主题设置、嘉宾邀请、组织安排以及现场布置等各个环节，确保活动既能够体现品牌的核心价值，又能吸引消费者的广泛参与。例如，可以邀请知名茶艺师进行茶艺表演，组织消费者进行茶叶品鉴和交流，设置互动环节增强消费者的参与感。通过这些活动的成功举办，普洱茶厂可以让消费者更加深入地了解品牌和产品，从而提升他们对品牌的认同感和忠诚度。

2. 参与公益慈善事业，提升品牌形象

参与公益慈善事业是普洱茶厂履行社会责任、提升品牌形象的重要方式。普洱茶厂可以选择与自身品牌理念相契合的公益项目进行合作，如扶贫助农、环保倡导、文化教育等。通过捐款捐物、志愿服务、公益宣传等形式，普洱茶厂可以积极参与社会公益事业，展现品牌的社会责任感和树立品牌的良好形象。通过参与公益慈善事业，不仅能够提升普洱茶厂在消费者心目中的形象和声誉，还能激发消费者的购买动机，推动品牌的可持续发展。同时，普洱茶厂还可以借助公益活动的传播效应，扩大品牌的影响力和知名度。

（三）消费者互动与反馈机制建立

为了持续优化产品和服务，普洱茶厂需要建立一套有效的消费者互动与反馈机制，确保能够及时、准确地收集并响应消费者的意见和建议。

1. 设立消费者意见收集渠道

普洱茶厂应通过多种方式为消费者提供意见反馈的途径，如设置官方网站上的在线反馈表单、在社交媒体平台开设专门的客服账号、在实体店铺设立意见箱等。这些渠道应覆盖线上和线下，方便消费者根据自己的习惯选择合适的方式进行反馈。

2. 及时回应消费者问题和建议

一旦收到消费者的反馈，普洱茶厂应迅速做出反应。对于消费者的问题和疑虑，要给予及时、准确的解答；对于消费者的建议和意见，要认真倾听并评估其可行性，及时将合理的建议纳入改进计划。这种积极的互动和反馈，不仅能够提升消费者的满意度和忠诚度，还能为普洱茶厂的品牌形象增添正能量。

四、品牌维护与提升

（一）品牌形象持续维护

品牌形象是普洱茶厂在市场中的"名片"，它直接影响消费者对品牌的认知和评价。因此，持续维护品牌形象至关重要。

1. 保持品牌形象的一致性和稳定性

普洱茶厂需要确保在所有传播渠道和接触点上，品牌形象都能够保持一致，包括品牌标识、品牌口号、品牌色彩等视觉元素，以及品牌理念、品牌故事等文化元素。通过保持品牌形象的一致性，普洱茶厂可以在消费者心中形成清晰、统一的品牌印象，从而提升品牌的辨识度和记忆度。同时，品牌形象的稳定性也十分重要，频繁的变动可能会导致消费者的困惑和不满，进而损害品牌形象。

2. 定期对品牌形象进行审查和更新

虽然品牌形象需要保持稳定，但并不意味着一成不变。普洱茶厂应定期对品牌形象进行审查和评估，根据市场变化、消费者需求以及品牌自身的发展需要，适时对品牌形象进行更新和升级。例如，可以优化品牌标识的设计，使其更加符合现代审美；可以更新品牌口号，使其更加贴近消费者的情感需求；可以丰富品牌故事，使其更具感染力和传播力。通过对品牌形象的持续维护和更新，普洱茶厂可以确保品牌始终保持活力和竞争力，并在激烈的市场竞争中脱颖而出。

（二）品牌价值提升策略

品牌价值是普洱茶厂长期发展的核心竞争力所在。为了不断提升品牌价值，普洱茶厂需要采取一系列策略，如深化品牌文化内涵、提升产品品质和附加值。

1. 深化品牌文化内涵

普洱茶不仅是一种饮品，它更是承载着千年茶文化的精髓。普洱茶厂应通过深入挖掘茶马古道的历史、传承古老的茶艺表演、弘扬茶道精神等方式，不断丰富和深化品牌的文化内涵。普洱茶厂还可以通过举办茶文化讲座、出版茶文化书籍、创作与茶文化相关的艺术作品等多种途径，将其品牌与深厚的茶文化紧密结合起来，形成独特的品牌个性和魅力，从而提升品牌在消费者心中的认知度和认同感。

2. 提升产品品质和附加值

产品是品牌的基石，只有高品质的产品才能赢得消费者的信任和忠诚。普洱茶厂应注重提升产品的品质，从原料采购、生产工艺、包装设计等各个环节严格把关，确保每一片茶叶都符合高品质的标准。此外，普洱茶厂还可以通过研发创新，推出具有独特口感、健康功效或文化寓意的新产品，以满足消费者日益多样化的需求。

在提升产品品质的同时，普洱茶厂还应注重增加产品的附加值。通过提供个性化的定制服务、打造限量版或纪念版产品、增设高端品鉴体验等方式，不仅可以提升产品的售价和利润空间，还能进一步彰显品牌的独特性和高端形象，从而吸引更多追求品质和文化的消费者购买茶产品。

（三）品牌忠诚度培养计划

品牌忠诚度是普洱茶厂持续发展的关键，它代表了消费者对品牌的深厚情感和持续购买的意愿。为了培养消费者对品牌的忠诚度，普洱茶厂可以采取以下策略。

1. 建立会员制度和积分奖励机制

普洱茶厂可以建立会员制度，让消费者通过注册成为会员，享受更多的权益和服务。会员制度可以包括不同的等级，根据消费者的购买金额、购买频率等因素进行升级，高等级的会员可以享受更多的优惠和特权。普洱茶厂还可以设立积分奖励机制，让消费者以购买产品、参与品牌活动的方式获得积分，积分可以兑换礼品、抵扣购物金额等，从而激发消费者的购买欲望和增强消费者黏性。

2. 提供个性化的定制服务

现代消费者越来越注重个性化的需求，普洱茶厂可以通过提供个性化的定制服务，满足消费者的这一需求。例如，可以根据消费者的口味偏好、健康需求等因素，为他们定制专属的普洱茶产品；还可以提供个性化的包装设计，让消费者在购买产品的同时，也能感受到品牌的独特关怀。

第四节　普洱茶厂品牌资产管理与增值

一、品牌资产

品牌资产（Brand Equity）是指赋予产品或服务的附加价值。它不仅反映在消费者对有关品牌的想法、感受以及行动的方式上，也体现在品牌所带来的价格、市场份额以及盈利能力上。这个资产（或负债）与品牌的名字和象征相联系，能够增加或减少通过产品或服务提供给顾客（用户）的价值。此外，"品牌资产"一词的关键在于"资产"，它更多是会计学上的含义，和其他易于理解的有形资产一样，品牌是一种无形资产。因此，品牌除本身具有经济价值（可以估值）外，还可以为企业带来超额收益，是企业创造经济价值不可缺少的一种资源。"品牌资产"表明品牌是企业无形资产的重要组成部分。

二、普洱茶厂品牌管理的职能与关系

（一）品牌资产管理的三大职能

品牌资产管理的基本职能在于明确资源、妥善协调和改善经营三个方面。

1. 明确资源

普洱茶厂在制定品牌发展规划时，首先，需要清晰地了解自身的资源现，这涵盖了多个关键领域，包括茶厂所拥有的人力资源、财力、物力基础，技术水平，创新能力，核心竞争力，生产工艺，成本控制，以及茶厂文化建设等各个环节的当前状况。通过深入分析这些资源，茶厂可以明确自身相较于竞争对手的核心资源所在，这些核心资源是构建和维持品牌优势的关键。

其次，普洱茶厂需要评估以当前状况能够获取的外部资源，包括可选择的外部合作伙伴的范围，如调研公司、广告公司、咨询企业等外部专业机构的实力和服务质量，以及可能的品牌合作企业等。此外，普洱茶厂还需要考虑可获得的政府资源和其他相关支持。通过整合这些外部资源，茶厂可以弥补内部资源的不足，提升品牌发展的综合实力。

2. 妥善协调

从营销链的视角出发，品牌管理既要构建对外展示和交流的窗口，也要搭建内部协同和整合的平台。外部营销平台旨在实现品牌与目标市场之间的有效沟通，塑造并传播品牌形象；内部营销平台则着眼于确保销售、生产、采购、人力资源等各个职能部门在统一的品牌管理战略下协同工作。通过这种内外兼修的方式，普洱茶厂能够协调不同职能部门的行动，形成以品牌为核心的内部作业规范，进而推动以品牌为导向的经营理念在茶厂内部的深入实施。

这样不仅可以提升品牌管理的效率，还可以加强品牌对茶厂整体运营的引领作用。

3．改善经营

为了推动品牌的稳健发展，普洱茶厂应精心制定品牌战略规划，并通过具体的战术实施来确保品牌的逐步成长。在经营策略上，核心目标在于确立品牌在消费者心中的持久地位。为了实现这一目标，茶厂需要借助市场研究来洞察消费者需求，并结合自身的资源优势来制定相应的营销组合和营销策略。通过精心策划并执行战略与战术，普洱茶厂能够确保品牌的稳定增长，不断提升品牌价值和市场影响力。

普洱茶厂必须根据自身的情况，结合内外部情况进行详细的分析，对内必须改善品牌经营，对外做好与相关部门和消费者的沟通协调，保证品牌资产不受损失。

（二）品牌资产管理的三大关系

品牌资产管理需要处理好三大关系，即与消费者的沟通关系、与竞争者的竞合关系、与合作者的合作关系。

1．与消费者的沟通关系

在品牌管理中，与消费者建立良好的沟通关系至关重要。普洱茶厂的目标是通过深入研究，准确洞察目标消费者的需求和期望。基于这一洞察和总体战略规划，茶厂可以运用广告宣传、公关活动等多种推广手段，来加深目标消费者对品牌的认知和理解。通过与消费者建立良好的沟通关系，普洱茶厂可以在消费者心中树立明确的品牌形象和地位，进而培育和提升消费者对品牌的忠诚度。

2．与竞争者的竞合关系

在处理与竞争者的关系时，普洱茶厂应采取竞合策略。竞合的核心并不在于直接的对抗，而是基于对市场实际的深入理解、对竞争者在市场中地位的准确判断，以及对竞争者态度的明智考量，来建立恰当的竞争和合作关系。普洱茶厂应寻求与竞争者的合作可能性，以实现资源的优化配置和品牌的共同发展。

3．与合作者的合作关系

普洱茶厂在发展过程中，需要与各类合作伙伴建立紧密的合作关系，包括为企业提供服务的相关机构，如咨询公司、广告公司、调研机构和策划公司等外部智囊团；同时也涵盖企业服务的相关单位，如渠道中的代理商、经销商，以及上游的供应商等。此外，品牌合作者和业务合作者也是重要的合作对象。为了建立稳固的合作关系，普洱茶厂内部各个职能部门需要协同努力，确保与合作伙伴之间的顺畅沟通和有效合作。通过这种合作关系的建立和维护，普洱茶厂能够汇聚各方资源，共同推动品牌的发展和市场拓展。

三、普洱茶厂品牌资产增值的关键点

普洱茶厂的品牌资产管理对于茶厂的发展至关重要，在品牌营销的环境下形成产品的差异性，从而在茶叶市场中立于不败之地。在当前中国市场的茶叶竞争情势下，普洱茶厂的品牌资产增值必须在以下关键点加以强化与发展。

（一）品质保证

普洱茶作为一种具有悠久历史和独特风味的饮品，其品质是品牌资产增值的基石。普洱茶厂应严格控制原料采购、生产工艺和产品质量，确保每一片茶叶都符合高品质标准。只有品质过硬，才能赢得消费者的信任和口碑，从而提升品牌价值和市场份额。

（二）文化传承与创新

普洱茶承载着丰富的历史文化内涵，普洱茶厂在品牌建设中应注重传承和弘扬普洱茶文化。同时，结合现代消费者的需求和审美趋势，进行产品和包装设计创新，使传统与现代相融合，为品牌注入新的活力。这种文化传承与创新的结合将有助于提升品牌的独特性和吸引力，进而实现品牌资产的增值。

（三）市场拓展与营销策略

普洱茶厂应积极拓展市场，通过线上线下多渠道销售，扩大品牌覆盖面。在营销策略上，应运用大数据分析、社交媒体营销等手段，精准定位目标消费者，制订个性化的营销方案。通过与消费者建立深度互动和情感联系，提升品牌的忠诚度和美誉度，从而实现品牌资产的可持续增长。

（四）社会责任与可持续发展

普洱茶厂在追求经济效益的同时，应承担起社会责任，关注环境保护、公益慈善等方面。通过绿色生产、节能减排等措施，降低对环境造成的影响；通过参与公益活动、支持教育事业等，回馈社会，树立良好的企业形象。这将有助于提升品牌的社会认可度和声誉，为品牌资产的长期增值奠定坚实的基础。

第九章　普洱茶厂供应链管理

第一节　普洱茶厂供应链概述

一、普洱茶厂供应链的概念

供应链（Supply Chain）是指生产及流通过程中，涉及将产品或服务提供给最终用户活动的上游与下游茶厂所形成的网链结构，即将产品从商家送到消费者手中的整个链条。

普洱茶厂供应链是一个涵盖了从原料采购到最终产品销售的所有环节的网络结构。这个过程涉及一系列的活动，包括但不局限于茶叶种植、采摘、初制、加工、包装、配送和销售等。

二、普洱茶厂供应链的组成

普洱茶厂供应链是一个复杂而精细的系统，它涵盖了从茶叶的种植、采摘到最终产品销售的全过程，每个环节都紧密相连，共同构成了普洱茶厂的完整供应链。下面我们将详细展开普洱茶厂供应链的各个组成部分。

（一）原料采购环节

原料采购是普洱茶厂供应链的起点。普洱茶的原料主要是大叶种晒青毛茶，其质量直接决定了成品茶的品质。因此，普洱茶厂在原料采购环节需要与茶园、茶农建立紧密的合作关系，确保茶叶的来源可靠、品质优良。同时，普洱茶厂还需要对原料进行严格的检验和筛选，确保原料符合生产要求。

（二）生产加工环节

普洱茶的生产加工过程包括杀青、揉捻、发酵、干燥等多个环节，每个环节都需要精细的操作和严格的控制。普洱茶厂需要建立完善的生产流程和质量控制体系，确保茶叶在生产过程中能够保持稳定的品质和口感。此外，普洱茶厂还需要注重生产设备的更新和维护，提高生产效率和产品质量。

（三）仓储与物流环节

普洱茶厂需要建立完善的仓储设施和物流配送体系。仓储设施需要具备防潮、防虫、防火等功能，确保茶叶在储存过程中不会受到损坏。普洱茶厂还需要制定合理的库存管理制度，避免茶叶积压和浪费。在物流配送方面，普洱茶厂需要与物流公司建立良好的合作关系，确保产品能够及时、准确地送达客户手中。此外，普洱茶厂还需要注重对物流成本的控制，提高茶厂的盈利能力。

（四）销售与市场环节

销售与市场环节是普洱茶厂供应链的最终环节，也是与消费者直接接触的环节。在这个环节中，普洱茶厂需要通过各种销售渠道将产品销售给消费者，包括线上电商平台、线下实体店等。同时，普洱茶厂还需要注重品牌建设和市场推广，提高产品的知名度和美誉度。通过与消费者的互动和消费者反馈，普洱茶厂可以及时了解市场需求和消费者偏好，为产品研发和生产提供有力的支持。

除上述几个环节外，普洱茶厂供应链还包括一些辅助环节，如信息流管理、资金流管理等。信息流管理是指普洱茶厂需要建立完善的信息系统，实现各环节之间的信息共享和协同工作。资金流管理是指普洱茶厂需要注重成本控制和预算管理，确保茶厂的财务状况良好。

三、普洱茶厂供应链的特点

（一）复杂性与多样性

普洱茶厂的供应链涉及多个环节和参与者，从茶叶的种植、采摘、初制、精制、包装到仓储、物流、销售等，每个环节都有其独特的操作要求和流程。这使供应链的管理变得相当复杂。同时，由于普洱茶的种类、品质、产地等因素的差异，供应链中的产品也具有多样性，需要针对不同类型的产品制定相应的管理策略。

（二）季节性与周期性

普洱茶的原料——大叶种晒青毛茶的采摘具有明显的季节性，一般在春季和秋季进行，这使得普洱茶厂的供应链也呈现出季节性的特点。在采摘季节，茶厂需要集中大量的人力、物力和财力进行原料的收购和加工；在非采摘季节，则主要进行产品的仓储、销售和市场推广等工作。此外，普洱茶的市场需求也具有一定的周期性，如节假日、礼品市场等特定时期的需求会增加，这也要求茶厂在供应链管理中做好相应的预测和应对。

（三）质量与安全性要求高

普洱茶作为一种饮品，其质量和安全性直接关系到消费者的健康和生命安全。因此，普洱茶厂的供应链管理中对质量和安全性的要求非常高。茶厂需要建立完善的质量控制体系，对原料、半成品和成品进行严格的检验和监控，确保产品符合国家和行业的相关标准。

（四）信息化与智能化趋势明显

随着信息技术和智能制造技术的不断发展，普洱茶厂的供应链管理也呈现出信息化和智能化的趋势。通过建立和完善信息管理系统，茶厂可以实现各环节之间的信息共享和协同工作，提高供应链管理的效率和准确性。同时，利用大数据、云计算、物联网等技术手段，茶厂可以对市场需求、库存情况、物流状态等进行实时监控和预测，为决策提供有力的支持。此外，智能化设备的应用也可以提高生产效率和产品质量，降低人工成本。

（五）绿色环保理念日益突出

在当前社会背景下，绿色环保理念越来越受到人们的关注和重视。普洱茶厂的供应链管理也需要注重环保和可持续发展。在原料采购环节，可以选择使用有机肥料和生物农药的茶园作为合作伙伴；在生产加工环节，可以采用环保型的生产设备和工艺；在仓储物流环节，可以优化包装设计以减少资源消耗和废弃物排放量；在销售市场环节，可以推广绿色消费理念以引导消费者购买环保型产品。

四、普洱茶厂供应链的物流、信息流、资金流

普洱茶厂供应链中存在"三流"，即物流、信息流和资金流。茶厂通过以实物流为主导实现"三流"的协调运转，进而实现茶厂经营目标。

（一）普洱茶厂供应链的物流

普洱茶厂的物流是指从茶叶生产地开始，通过各个环节将原料运送至需求方的过程。这一流程在普洱茶厂的供应链中扮演着至关重要的角色。普洱茶厂的物流活动可以根据其功能分为以下三个主要类别。

一是实现茶叶产品价值的物流活动。这包括鲜叶及成品茶叶的运输、仓储、搬运装卸以及配送等环节。这些活动确保了茶叶从生产地到消费地的顺畅流动，是产品价值实现的关键步骤。

二是对茶叶产品价值产生增值作用的物流活动。这主要涉及包装和流通加工等环节。通过精心的包装和加工，不仅提升了茶叶的附加值，还增强了产品的市场竞争力。

三是为提高茶叶产品物流效率而服务的信息功能。这包括物流信息的采集、处理、传递和利用等环节。通过这些信息功能，可以实现物流过程的可视化、可追踪和可优化，从而提高整个供应链的效率和顾客满意度。

物流系统是供应链中最为直观的部分，它连接了供应商和最终顾客，实现了实物的流动。物流系统的优化程度直接决定了整个供应链的成本控制水平和顾客满意度的高低。因此，对于普洱茶厂而言，优化物流系统是实现供应链可持续发展的重要一环。

（二）普洱茶厂供应链的信息流

普洱茶厂的供应链信息流是指与茶叶产品交易及供求相关的各类信息在供应链中的流动。这种信息流在茶叶供应商与顾客之间呈现出双向性，包括需求信息和供应信息两个不同方向的传递。具体来说，从供应商流向顾客的信息主要涉及产品的生产、运输配送能力、交货状态等，确保顾客能够及时了解产品的动态；从顾客流向供应商的信息则包括订单详情、产品现货状况、库存信息以及所需茶叶的品种、数量和质量等具体要求，帮助供应商更好地满足市场需求。

信息共享在供应链管理中具有至关重要的地位，是实现供应链高效运营和协调的基石。普洱茶厂供应链的顺畅运作和节点间的紧密协调都依赖于广泛而深入的信息共享。通过这种共享，供应链各节点能够实时掌握茶叶的供需状况、市场动态和风险因素，从而作出快速而准确的决策，提升整个供应链的响应速度和竞争力。

（三）普洱茶厂供应链的资金流

普洱茶厂供应链的资金流是驱动茶叶原料和产品流动的关键要素，涵盖了信用条件、支付方式以及委托与所有权契约等多个方面。茶叶原料和产品的每一次流动都伴随资金的相应流动。同时，普洱茶厂在日常运营中的各项业务活动，如储运、加工包装等，都会消耗资源并引发资金的支出。这些支出只有在茶叶产品成功销售给客户后才能得到回收，从而实现资金的回流并为茶厂创造利润。因此，资金流在普洱茶厂的供应链中扮演着至关重要的角色，确保了茶叶原料和产品的顺畅流动以及茶厂盈利能力的实现。

（四）普洱茶厂物流、信息流、资金流的关系

普洱茶厂的物流、信息流和资金流之间存在着紧密的联系。

首先，物流和信息流是相互依存的。物流活动会产生大量的关于茶叶原材料和茶叶产品消费的信息，这些信息需要通过信息流进行传递和反馈，以确保物流的高效运作。随着信息技术的不断发展，信息的传递变得更加迅速和广泛，这为物流服务范围的扩大和组织管理手段的改进提供了有力支持，进一步促进了物流能力和效率的提升。

其次，信息流中的茶叶及其相关产品的需求信息与物流方向相反，是从需求方向供应方流动的。这种需求信息引发了供应信息，供应信息则与物流一同沿着供应链从供应方向需求方流动。这种信息的流动有助于供应链各节点茶厂及时了解市场需求和供应情况，从而作出相应的生产和物流安排。

最后，资金流是物流和信息流的支撑和保障。物流和信息流的顺畅运作需要消耗一定的资源，而这些资源的消耗需要通过资金流进行支付和补偿。只有当茶叶产品销售给客户后，资金才会重新流回茶厂，实现盈利。因此，资金流在普洱茶厂的供应链中扮演着至关重要的角色，它确保了物流和信息流的正常运作，并为茶厂的盈利提供了保障。

茶厂的各项业务活动都会消耗一定的资源，消耗资源会导致资金流出，因此，供应链上的物流还必然伴随资金流。一方面，物流是一个增值的过程，它只有通过资金流来体现；另一方面，物流只有产出资金流，才能保证物流的顺利进行。

可见，物流、信息流、资金流三者的关系是紧密相连、缺一不可的。信息流对物流起着关键的指导作用，只有信息准确、及时，物流才能高效、顺畅。而物流的顺畅又保证了资金流的稳定，茶叶产品的顺利流通使得资金得以快速回流，为茶厂创造经济效益。这种良性的循环反馈使得整个供应链上的物流得到优化配置。

然而，如果普洱茶厂供应链中的信息不能有效集成，信息流形式混乱，节点茶厂之间信息隐瞒，传递渠道受阻，信息反馈滞后于物流，那么整个供应链就无法实现有效的整合。这将导致物流效率低下，资金流不稳定，最终影响茶厂的整体运营。

因此，普洱茶厂必须强调物流、信息流与资金流的集成与统一。只有实现三者的有机结合，才能确保供应链的高效运作，提升茶厂的竞争力。

第二节　普洱茶厂供应链构建策略与优化路径

一、供应链构建与优化的目标和原则

（一）目标

普洱茶厂供应链构建与优化的目标是实现高效、灵活、可持续的供应链运营，以满足市场需求，提升茶厂竞争力，并实现长期盈利和可持续发展。这一目标涵盖了多个方面，包括提高供应链效率、增强供应链灵活性、保障产品质量与安全、推动绿色环保和可持续发展。

1．提高供应链效率

提高供应链效率是普洱茶厂供应链构建与优化的核心目标之一。通过优化供应链的各个环节，包括原料采购、生产加工、仓储物流和销售市场等，降低运营成本，缩短产品上市时间，提高客户满意度。例如，在原料采购环节，通过与优质供应商建立长期合作关系，确保原料的稳定供应和品质可控；在生产加工环节，通过优化生产工艺和流程，提高生产效率和产品合格率；在仓储物流环节，通过合理规划仓储设施和物流配送路线，降低库存成本和运输成本。在这些措施的共同作用下，可以提高整个供应链的运行效率，为茶厂创造更大的价值。

2．增强供应链灵活性

增强供应链灵活性是普洱茶厂供应链构建与优化的重要目标。由于市场需求的多变性和不确定性，普洱茶厂需要建立灵活的供应链体系，以快速响应市场变化，包括建立跨部门协同机制，加强内外部合作伙伴之间的沟通与协作；采用模块化、标准化的生产方式，便于快速调整生产计划和产品线；利用先进的信息技术手段，实现对市场需求、库存状态、物流情况等的实时监控和预测。通过增强供应链的灵活性，普洱茶厂可以更好地适应市场变化，抓住市场机遇，降低经营风险。

3．保障产品质量与安全

保障产品质量与安全是普洱茶厂供应链构建与优化不可或缺的目标。为了确保消费者的健康和生命安全，普洱茶作为一种饮品，其质量和安全性必须得到严格保障。因此，在普洱茶厂的供应链构建与优化过程中，建立和完善质量控制体系与安全管理体系至关重要。这些体系应确保从原料的采购到最终产品的销售，每一个步骤都严格遵循国家和行业的相关标准和规范，包括建立严格的供应商评估机制，对原料进行严格的检验和筛选；加强生产过程中的卫生和安全管理，防止交叉污染和安全事故的发生；建立完善的产品追溯体系，确保产品的可追溯性和召回能力。通过保障产品质量与安全，普洱茶厂可以赢得消费者的信任和口碑，提升品牌形象和市场竞争力。

4．推动绿色环保和可持续发展

推动绿色环保和可持续发展是普洱茶厂供应链构建与优化的长远目标。在当前社会背景下，绿色环保和可持续发展已成为茶厂发展的必然趋势和社会责任。普洱茶厂需要在供应链构建与优化中融入环保理念，选择环保型的供应商和生产设备，采用环保型的生产工艺和包装材料，降低资源消耗和减少废弃物排放量；优化仓储设施和物流配送网络，减少能源消耗和碳排放量；推广绿色消费理念，引导消费者购买环保型产品。通过推动绿色环保和可持续发展，普洱茶厂可以实现经济效益、社会效益和环境效益的有机统一，为茶厂创造长期的价值和竞争优势。

（二）原则

普洱茶厂在进行供应链构建与优化时，必须遵循一系列原则，这些原则确保了供应链的有效性、灵活性和可持续性。以下是对这些原则的详细阐述。

1. 客户导向原则

客户是普洱茶厂的最终服务对象，满足客户的需求是供应链构建与优化的根本目的。因此，普洱茶厂应始终将客户放在首位，深入了解客户的需求和期望，通过提供高品质的产品和优质的服务来赢得客户的信任和忠诚。在供应链构建与优化过程中，普洱茶厂需要确保供应链的各个环节都能够快速、准确地响应客户的需求变化，以实现客户满意度的最大化。

2. 整体性原则

普洱茶厂的供应链是一个复杂的系统，包括原料采购、生产加工、仓储物流、销售市场等多个环节。在供应链构建与优化过程中，普洱茶厂需要树立整体观念，将供应链的各个环节视为一个有机的整体，注重各环节之间的衔接和协调。通过整体规划、统一管理和协同作战，实现供应链的高效运转和资源的最大化利用。

3. 效率原则

提高供应链的效率是普洱茶厂供应链构建与优化的重要目标之一。在供应链构建与优化过程中，普洱茶厂需要注重提高供应链的响应速度、降低运营成本、减少库存积压和提高物流效率等方面的工作。通过采用先进的生产技术、管理方法和信息技术手段，优化供应链的流程和结构，实现供应链的高效运转和快速响应市场需求的变化。

4. 灵活性原则

由于市场需求的多变性和不确定性，因此，普洱茶厂的供应链需要具备足够高的灵活性来应对各种变化。在供应链构建与优化过程中，普洱茶厂需要注重提高供应链的柔性和可变性，以便能够根据市场需求的变化快速调整生产计划和销售策略。通过采用模块化的生产方式、建立灵活的物流配送网络和加强内外部合作伙伴之间的沟通与协作，来提高供应链的适应能力和市场竞争力。

5．质量与安全原则

普洱茶作为一款人们喜爱的茶饮，其质量和安全性备受关注。因此，在供应链构建与优化过程中，普洱茶厂需要始终坚持质量与安全的原则。通过建立和完善质量控制体系及安全管理体系，确保从原料采购到产品销售的每一个环节都符合国家和行业的相关标准和规范。同时，加强质量监管和安全风险防范工作，及时发现并处理潜在的质量问题和安全隐患，确保产品的质量和安全性得到有效保障。

6．可持续发展原则

在现代社会环境下，可持续发展不仅成为茶厂发展的必然选择，也体现了其应尽的社会责任。普洱茶厂在供应链构建与优化过程中需要贯彻可持续发展原则。通过选择环保型的供应商和生产设备、采用环保型的生产工艺和包装材料、优化仓储设施和物流配送网络等措施，来降低资源消耗和减少废弃物排放量，实现经济效益、社会效益和环境效益的有机统一。

二、普洱茶厂供应链构建策略

供应链，对于普洱茶厂而言，其构建策略尤为关键。一个高效、稳定、可持续的供应链不仅能确保茶叶从生产到销售的每一个环节都得到有效管理，还能为茶厂带来竞争优势，降低成本，提升客户满意度，从而实现长期盈利和可持续发展。

供应链构建策略主要关注如何整合供应链各个环节的资源，包括供应商、生产商、物流商、销售商等，以形成一个协同、高效、响应迅速的系统。对于普洱茶厂而言，供应链构建策略需要考虑到茶叶的特殊性，如生长周期、采摘季节、加工工艺、存储条件等，同时还要兼顾市场需求、价格波动、政策变化等外部因素。以下是对普洱茶厂供应链构建策略的详细解读及具体策略制定。

（一）供应商选择与管理策略

1．多元化供应

为降低供应风险，普洱茶厂应选择多个原料供应商，确保在某一供应商出现问题时，能够及时切换到其他供应商。同时，多元化供应也有助于茶厂在原料价格上获得更多议价空间。

2．供应商评估与选择

建立严格的供应商评估机制，对供应商的原料品质、供应能力、价格、服务等进行全面评估。优先选择那些能够提供优质原料、供应稳定、价格合理且服务良好的供应商。

3．供应商关系管理

要想与供应商建立长期合作关系，可以通过签订长期合同、共同制订采购计划等方式，增强双方的互信和合作。同时，定期对供应商进行绩效评估，对表现不佳的供应商进行辅导或替换。

4．供应商培育

对于有潜力的供应商，普洱茶厂可以通过提供技术支持、资金援助等方式，帮助其提升原料品质和供应能力，从而实现"双赢"。

（二）生产加工策略

1．生产工艺优化

普洱茶的生产工艺包括采摘、萎凋、杀青、揉捻、发酵等多个环节。茶厂应对这些环节进行持续优化，提升茶叶品质和生产效率。例如，通过改进萎凋和发酵工艺，使茶叶口感更加醇厚；通过自动化和智能化设备，减少人工操作，提高生产效率。

2．产能规划

根据市场需求和销售预测，合理规划茶厂的产能。在销售旺季前增加产能，以满足市场需求；在销售淡季时适当减少产能，避免产能过剩造成的浪费。

3．质量控制

建立严格的质量控制体系，对原料、半成品和成品进行定期检测。确保每一批茶叶都符合国家和行业的相关标准和规范。同时，加强对员工质量意识和操作技能的培训，提高全员参与质量管理的积极性。

（三）仓储与物流策略

1. 仓储设施布局

根据茶叶的存储条件和销售需求，合理规划仓储设施的布局。例如，将需要冷藏的茶叶存放在温度控制良好的仓库中；将经常出入库的茶叶存放在靠近装卸货区的位置。

2. 库存管理

采用先进的库存管理方法，如 ABC 分类法、经济订货量模型等，对茶叶进行合理分类和库存管理。同时，利用信息系统对库存进行实时监控和预警，确保库存处于安全状态。

3. 物流配送

根据销售订单和客户需求，制订合理的物流配送计划。通过优化运输路线和运输方式，降低物流成本和时间。通过与物流公司建立长期合作关系，确保物流服务的稳定性和可靠性。

（四）销售与市场策略

1. 市场拓展

积极开拓国内外市场，通过线上线下相结合的方式，也可以拓展销售渠道。例如，在电商平台开设旗舰店、与知名茶企合作开展联名推广等。

2. 品牌建设

通过加强品牌建设和宣传，可以提升普洱茶的知名度和美誉度，也可以通过举办品鉴会、参加茶叶展览等方式来展示产品优势和茶厂形象。

3. 客户关系管理

建立完善的客户关系管理系统，收集客户需求和反馈意见，及时响应并处理客户问题。通过提供优质的产品和服务赢得客户信任和忠诚。

4. 价格策略

根据市场需求和竞争态势制定合理的价格策略。在保持产品质量的前提下，通过优惠促销、会员折扣等方式吸引消费者购买产品。

三、普洱茶厂供应链优化路径

在全球化与数字化的时代背景下，供应链的优化已成为茶厂提升竞争力的关键。对于普洱茶厂而言，传统的供应链模式已难以适应快速变化的市场需求和消费者偏好。因此，探索一条高端、高效的供应链优化路径，对于普洱茶厂的长期发展至关重要。

（一）原料供应的优化

一方面，普洱茶厂应与茶园建立更加紧密、稳定的合作关系。这不仅可以确保原料的品质和供应稳定性，还可以通过共同研发、技术共享等方式提升原料的价值。另一方面，普洱茶厂应引入先进的原料检测和分析技术，对原料的品质、成分等进行全面把控。通过科学的数据分析，可以更准确地评估原料的价值和适用性，为后续的生产加工提供有力支持。

（二）生产加工的升级

在生产加工环节，普洱茶厂应积极引进先进的生产设备和技术，实现自动化、智能化生产。例如，通过引入智能揉捻机、智能发酵系统等设备，可以提高生产效率、降低人工成本，并确保茶叶品质的稳定性。

普洱茶厂还应注重生产工艺的研发和创新。传统的普洱茶制作工艺虽然独特，但在面对现代消费者多样化的需求时，仍需进行一定的创新和改进。例如，通过研发新的发酵工艺、拼配技术等，可以创造出更加丰富多样的普洱茶产品，以满足消费者的不同口味需求。

（三）仓储物流的改进

为了提升普洱茶供应链的效率与品质，仓储物流环节的改进显得尤为关键。普洱茶厂应当建设专门的仓储设施，在其中实施恒温恒湿的环境管理，以保障茶叶在储存期间品质的稳定性。此外，借助先进的仓储管理系统，普洱茶厂能够实时监控库存状态并发出预警，从而有效地防止库存过量和不必要的损耗。

在物流方面，普洱茶厂应与专业的物流公司建立长期合作关系，确保物流服务的稳定性和可靠性。通过优化运输路线、改进包装方式等措施，可以降低物流成本、提高物流效率，并确保茶叶在运输过程中的安全。

（四）销售与市场的拓展

在销售与市场环节，普洱茶厂应注重品牌建设和市场拓展。通过加强品牌宣传和推广，提升普洱茶的知名度和美誉度。同时，积极开拓国内外市场，通过线上线下相结合的方式拓宽销售渠道。

普洱茶厂还应注重与消费者的互动和沟通。通过收集消费者的需求和反馈意见，及时响应并处理消费者问题，可以提升消费者的满意度和忠诚度。同时，根据消费者的需求和偏好，定制个性化的产品和服务，可以满足消费者的不同需求，提升市场竞争力。

四、普洱茶厂供应链构建与优化的挑战与对策

普洱茶，作为中国的传统名茶，其独特的口感和深厚的文化底蕴深受消费者喜爱。然而，在普洱茶厂的供应链构建与优化过程中，也面临着诸多挑战。下面将对这些挑战进行分析，并提出相应的对策。

（一）挑战

1．原料供应不稳定

普洱茶的原料主要来源于特定的茶叶产区，受到气候、土壤等自然因素的影响，原料的品质和供应稳定性难以保证。

2．生产加工技术落后

一些普洱茶厂的生产设备和技术相对落后，导致生产效率低下，产品品质不稳定，难以满足市场需求。

3．仓储物流成本高

普洱茶的仓储和物流环节对茶叶的品质有着重要影响。然而，由于仓储设施不完善、物流效率低下等原因，导致仓储物流成本高企。

4．市场竞争激烈

随着普洱茶市场的不断扩大，竞争也日益激烈。如何在众多的普洱茶品牌中脱颖而出，成为普洱茶厂面临的重要挑战。

（二）对策

1．建立稳定的原料供应体系

普洱茶厂应与多个茶园建立长期稳定的合作关系，确保原料的品质和供应稳定性。同时，可以引入农业保险等机制，降低因自然因素导致的原料供应

风险。

2. 引进先进的生产设备和技术

普洱茶厂应积极引进先进的生产设备和技术,提高生产效率,确保产品品质。另外,要加强与科研机构、高校等的合作,研发新的生产工艺和技术。

3. 完善仓储物流设施

普洱茶厂应建立完善的仓储设施,实现恒温恒湿的环境控制,确保茶叶在存储过程中的品质稳定。同时,可以引入智能化的仓储管理系统,提高仓储效率,还可以与专业的物流公司建立长期合作关系,优化运输路线,降低物流成本。

4. 加强品牌建设和市场拓展

普洱茶厂应注重品牌建设和市场拓展,提升品牌的知名度和美誉度。可以通过线上线下相结合的方式拓宽销售渠道,如开设电商平台旗舰店、与知名茶企合作等。同时,可以加强与国际市场的联系,拓展海外市场。

第三节   普洱茶厂供应链的科学管理

一、供应链管理概述

(一)普洱茶厂供应链管理的概念

普洱茶厂供应链管理是一个系统、连续且联合的管理过程,涵盖了从茶叶种植、采摘、生产加工、仓储物流到销售等所有环节。这个过程不仅关注供应商和制造商之间的连续合作,还包括对客户投诉的及时处理、物流及运输管理、财务管理、需求管理等一系列活动。

普洱茶厂供应链管理的核心目标在于提升整个供应链的效率,增强竞争力,并有效地减少成本。这涉及对茶叶种植基地、生产加工设备、人力资源、品牌形象、市场渠道等各种资源的整合与优化,以实现资源的互补和优势互助,形成产业链的良性循环和协同发展。

通过合理而高效的供应链管理,普洱茶厂可以确保原料的稳定供应、提高生产效率、保证产品品质、降低运营成本，并最终满足消费者的多样化需求。这不仅有助于提升普洱茶厂的市场竞争力，也有助于推动普洱茶产业的可持续发展。

（二）普洱茶厂供应链管理的核心理念

1. 以客户需求为导向

这意味着普洱茶厂应始终将客户的需求放在首位，通过精准把握市场动态和消费者偏好，及时调整产品策略和生产计划，以满足不断变化的市场需求。

2. 强调整体最优

普洱茶厂应追求整个供应链系统的最优化，而不仅是单个环节或部门的利益最大化。这要求各环节之间保持紧密的协作与配合，共同应对市场挑战，实现资源共享和风险共担。

3. 注重协同合作

在供应链管理中，普洱茶厂需要与供应商、分销商、物流服务商等合作伙伴建立良好的合作关系，通过信息共享、资源互补和优势叠加，提升整个供应链的竞争力和响应速度。

4. 持续创新改进

面对不断变化的市场环境和客户需求，普洱茶厂应保持持续的创新和改进动力，不断探索新的管理模式、技术手段和市场策略，以提升供应链管理的效率和效果。

5. 强化风险管理

普洱茶厂应重视供应链管理中存在的各种风险，如供应中断、价格波动、质量问题等，通过建立和完善风险管理机制及应对措施，降低风险对供应链稳定性的影响。

（三）普洱茶厂供应链管理的内容及层次

普洱茶厂的供应链管理涵盖了多个关键方面，包括供应商管理、采购流程、库存与配送控制、销售渠道管理、客户服务质量、信息流动以及相关的资金运作。其根本目的在于提升客户满意度，同时降低整体交易成本，并在两者之间找到最佳的动态平衡点。

从实际操作的角度来看，普洱茶厂的供应链管理可以分为三个层级，即战略层、运作层和支持层。战略层作为供应链管理的枢纽，负责制定全面的规划和控制策略，确保供应链的目标与茶厂的长远愿景和使命相一致。运作层聚焦于茶厂内外部的供应链活动，如采购、生产、销售等，并强调与供应商、客户及其他合作伙伴之间的协同工作。支持层是整个供应链管理的基础，它提供了必要的组织结构、规章制度、人力资源和技术支持，确保供应链管理的有效实施和持续改进。

在这个框架内，普洱茶厂不仅要关注内部的供应链流程优化，还要重视与外部伙伴的战略合作，共同应对市场变化和挑战。同时，先进的信息技术和专业的管理团队也是推动供应链管理升级的关键因素。

二、供应链管理的关键要素

（一）供应商管理

普洱茶厂的供应商主要包括茶叶种植户、原材料供应商等。供应商管理的关键在于选择合适的供应商，并与其建立长期稳定的合作关系，确保供应商能够提供符合质量要求的原材料。普洱茶厂需要对供应商进行评估和审核，包括考察供应商的信誉、生产能力、质量保证体系等，以确保供应链的可靠性和稳定性。

（二）采购管理

普洱茶厂的采购管理涉及茶叶和其他原材料的采购计划和执行。关键要素包括制定合理的采购策略，根据市场需求和预测确定采购数量和时机，与供应商进行谈判以获取最优价格和质量，以及监控采购过程的风险。有效的采购管理可以确保普洱茶厂获得所需的原材料，并控制采购成本。

（三）库存管理

库存管理是普洱茶厂供应链中的重要环节。关键要素包括确定合理的库存水平，避免过多或过少的库存，以减少资金占用和浪费。普洱茶厂需要建立有效的库存控制系统，实时掌握库存情况，并根据市场需求和销售数据进行调整。同时，还需要考虑茶叶的保存条件和保质期管理，以确保茶叶的品质和安全。

（四）渠道管理

普洱茶厂的渠道管理涉及销售渠道的选择、建设和维护。关键要素包括确定目标市场，选择适合的销售渠道，如直销、经销商、电商平台等，建立稳定的销售网络，提高产品覆盖率。普洱茶厂还需要与渠道合作伙伴建立良好的合作关系，共同制订销售策略和市场推广计划，以实现销售目标。

（五）客户服务管理

客户服务管理是普洱茶厂供应链中的关键环节，直接影响客户满意度和忠诚度。关键要素包括建立完善的客户服务体系，提供及时、准确的产品信息和售后服务，处理客户投诉和纠纷，建立客户档案并进行客户关系维护。通过优质的客户服务，普洱茶厂可以树立良好的品牌形象，增强客户黏性，促进销售增长。

三、普洱茶厂供应链的科学管理策略

（一）物流优化策略

普洱茶厂供应链的科学管理策略中，物流优化策略是至关重要的一环。以下将针对运输与仓储管理以及物流配送效率提升进行详细阐述。

1. 运输与仓储管理

在普洱茶厂的供应链中，运输与仓储管理直接关系到产品的流通效率和成本控制。

首先，普洱茶厂需要与可靠的物流合作伙伴建立长期合作关系，确保运输过程的稳定性和可靠性。这些合作伙伴应具备良好的物流网络、先进的运输设备以及丰富的行业经验，以满足茶叶产品在不同地域、不同季节的运输需求。

其次，仓储管理是物流优化策略中的关键环节。普洱茶厂应配备现代化的仓储设施，具备温湿度控制、防火防盗等安全措施，以确保茶叶产品在储存过程中的品质稳定。同时，采用先进的仓储管理系统，实现库存数据的实时更新和查询，提高库存周转率，降低库存成本。

最后，普洱茶厂应注重运输与仓储过程中的环境保护。选择环保的包装材料，减少不必要的包装浪费；合理安排运输线路和运输方式，降低能源消耗；通过仓储设施的节能改造，减少碳排放量。

2. 物流配送效率提升

物流配送效率的提升是普洱茶厂供应链科学管理策略的重要方面。

首先，通过建立高效的物流配送网络，实现茶叶产品的快速、准确配送。这要求普洱茶厂与物流合作伙伴共同规划配送线路、优化配送节点，提高配送时效性和准确性。

其次，采用先进的物流配送技术是提升效率的关键。例如，利用物联网技术对运输车辆进行实时监控和调度，确保运输过程的可视化和可追溯性；通过大数据分析预测市场需求和运输量，提前制订合理的配送计划；利用自动化设备和智能机器人等先进技术，提高仓库的拣货、打包和装卸效率。

最后，普洱茶厂还注重物流配送过程中的客户服务。建立和完善客户服务体系，提供订单查询、物流跟踪、投诉处理等服务，增强客户对物流配送的满意度和信任度。同时，与客户保持良好的沟通和合作，共同解决物流配送过程中遇到的问题和挑战。

（二）信息流管理策略

在普洱茶厂的供应链管理中，信息流管理策略占据着举足轻重的地位。有效的信息流管理，能够确保供应链各方之间的顺畅沟通，提高决策的准确性和时效性，进而提升整个供应链的运作效率。以下将从信息共享与透明度提升、信息技术应用与创新两个方面，详细阐述普洱茶厂信息流管理策略。

1. 信息共享与透明度提升

信息共享是供应链管理中不可或缺的环节，它有助于打破"信息孤岛"，提高信息传递的准确性和及时性。普洱茶厂应通过搭建信息共享平台，实现与供应商、分销商、物流服务商等合作伙伴之间的信息互通。该平台既可以是一个集中的数据库系统，也可以是基于云计算的供应链管理系统，旨在确保各方能够实时获取所需信息，以作出快速响应。

在信息共享的基础上，普洱茶厂还应致力于提升信息的透明度。透明度意味着信息的公开、公正和可追溯。通过提高信息透明度，普洱茶厂能够增强合作伙伴之间的信任，减少不必要的猜疑和误解，从而形成更加紧密的合作关系。为了实现这一目标，普洱茶厂需要制定明确的信息披露政策，规定哪些信息需要共享、如何共享以及共享的频率和方式等。

2．信息技术应用与创新

随着科技的不断发展，信息技术在供应链管理中的应用日益广泛。普洱茶厂应积极引进先进的信息技术，提升信息流管理的效率和效果。例如，通过采用物联网技术，普洱茶厂可以实现对茶叶生长、采摘、加工、仓储、物流等全过程的实时监控，确保产品质量和安全；利用大数据和人工智能技术，普洱茶厂可以对市场需求进行精准预测，优化生产计划和库存管理；借助区块链技术，普洱茶厂可以构建一个去中心化的信任体系，确保信息的真实性和不可篡改性。

在信息技术应用的过程中，普洱茶厂应注重创新。创新是推动供应链持续发展的关键动力。普洱茶厂可以通过与高校、科研机构合作，共同研发符合自身需求的信息技术产品；鼓励员工提出创新性的信息流管理方案，为茶厂的信息化建设贡献智慧；关注行业动态和技术发展趋势，及时调整信息技术应用策略，做到与时俱进。

（三）资金流管理策略

资金流管理策略在普洱茶厂的供应链中占据着至关重要的地位，它涉及茶厂的资金运作、风险控制以及财务优化等多个方面。一个健全的资金流管理策略不仅可以确保茶厂的资金链安全，还可以为茶厂的可持续发展提供强有力的支持。以下将从资金流动性管理、风险控制与财务优化两个方面进行详细阐述。

1．资金流动性管理

资金流动性管理是指茶厂为了应对日常经营活动中的资金需求而采取的一系列管理措施。普洱茶厂作为供应链中的核心公司，其资金流动性管理的好坏直接影响到整个供应链的运作效率。

一方面，普洱茶厂应建立和完善资金预算制度，通过预测和规划未来的资金需求，合理安排资金的流入和流出，从而确保茶厂有足够的资金来支持日常的经营活动。同时，茶厂还应加强对应收账款的管理，通过制定合理的信用政策和催收措施，加快资金的回笼速度，提高资金的使用效率。另一方面，普洱茶厂可以通过拓宽融资渠道来增强资金流动性。除传统的银行贷款外，茶厂还可以考虑利用供应链金融、股权融资、债券发行等多种融资方式来筹集资金。这样不仅可以降低茶厂的融资成本，还可以优化茶厂的资本结构，提高茶厂的抗风险能力。

2．风险控制与财务优化

在资金流管理策略中，风险控制与财务优化是不容忽视的两个环节。普洱茶厂在经营过程中面临着各种风险，如市场风险、信用风险、流动性风险等。为了有效地控制这些风险，茶厂应建立和完善风险管理体系，通过风险识别、评估、监控和应对等环节，将风险控制在可承受的范围之内。

在财务优化方面，普洱茶厂应注重提高财务管理的效率和效果。这要求公司加强内部控制制度建设，规范财务管理流程，提高财务信息的准确性和及时性。同时，茶厂还应积极采用先进的财务管理工具和技术手段，如财务共享服务中心、大数据分析等，来提升财务管理的智能化水平，降低财务管理成本。

第四节　普洱茶厂供应链管理与可持续发展

一、可持续发展的概述

（一）可持续发展概念

可持续发展是指在满足当代人需求的同时，不损害后代人满足其需求的能力的发展。它强调经济、社会和环境的协调发展，注重在保护地球生态系统的基础上实现经济的长期稳定增长，以确保全球人民的福祉。这个概念涉及多个方面，包括经济的可持续性、环境的可持续性和社会的可持续性。

具体来说，经济的可持续性意味着要实现经济的增长和发展，同时要考虑环境的保护和社会的公正。环境的可持续性强调在保护环境和资源的基础上，实现经济的可持续发展。而社会的可持续性注重满足人类的基本需求，促进社会的公平和包容性，以及保障全球人民的福祉。

（二）可持续发展的原则

1．公平性原则

这意味着可持续发展要满足当代人需求的同时，不损害后代人满足其需求的能力，体现了代际之间的公平性。同时，可持续发展也要满足不同地区、不同国家、不同人群之间的需求，体现区际之间的公平性。

2．可持续性原则

人类的经济活动和社会发展必须保持在资源和环境的承载能力之内，以确保发展的可持续性。这要求我们在发展的过程中，要充分考虑资源和环境的限制，采取合理的开发方式，避免过度消耗和破坏。

3．共同性原则

地球是一个整体，全球的可持续发展需要各国的共同努力。每个国家和地区都有责任和义务参与到可持续发展的实践中，通过国际合作，共同应对全球性的挑战。

4．需求性原则

传统经济发展模式以传统技术为基础，使用廉价资源，通过增加生产来获得利润，因此西方传统经济发展模式认为资源与环境的承载力无限，而可持续发展坚持需求性原则，以人为本，旨在满足人类的基本需求和提高人类的生活质量。

5．和谐性原则

可持续发展的战略就是要促进人类之间及人类与自然之间的和谐，如果我们能真诚地按和谐性原则行事，那么人类与自然之间就能保持一种互惠共生的关系，只有这样，才能实现可持续发展。

6．高效性原则

与传统经济学不同，可持续发展的高效性原则不仅是根据其经济生产率来衡量，还根据人们的基本需求得到满足的程度来衡量，是人类整体发展的综合和总体的高效。

7．阶跃性原则

随着时间的推移和社会的不断发展，人类的需求内容和层次将不断增加和提高，所以可持续发展本身隐含着不断地从较低层次向较高层次的阶跃性过程。

二、可持续发展在普洱茶厂供应链管理中的应用

（一）茶叶种植基地的可持续管理

普洱茶厂通过与茶农合作，推广可持续的茶叶种植方法，如有机种植、生物防治等，减少化肥和农药的使用，保护生态环境。同时，通过合理规划和布局茶叶种植基地，确保土地资源的可持续利用。

（二）生产过程的绿色化

普洱茶厂在生产过程中应注重节能减排，采用环保的生产设备和技术，降低能源消耗和减少废弃物排放量。同时，优化生产流程，提高生产效率，减少资源浪费。

（三）绿色包装与物流

普洱茶厂应使用环保的包装材料，如可降解的纸袋、竹篮等，减少塑料等不可降解材料的使用。在物流方面，优化运输方式和路线，减少运输过程中的能源消耗，提高物流效率。

（四）销售与市场推广的绿色转型

普洱茶厂应注重绿色消费理念的推广，通过宣传和教育引导消费者选择环保型的产品。同时，与环保组织合作，开展环保公益活动，提高茶厂的社会责任感和环保形象。

（五）废弃物的回收与再利用

普洱茶厂应建立废弃物回收系统，对生产过程中产生的废弃物进行分类、回收和再利用。例如，将茶渣用于制作有机肥料、将废弃的茶叶包装进行回收再利用等，实现资源的循环利用。

三、供应链管理可持续发展的关键领域与策略

随着市场竞争的日益激烈，供应链管理已成为普洱茶厂提升竞争力、实现可持续发展的重要手段。普洱茶厂的供应链管理涵盖了从茶叶种植、采摘、加

工、包装、运输到销售等多个环节，这些环节之间相互关联、相互影响，共同构成了普洱茶的完整供应链。为了实现普洱茶厂的可持续发展，以下将详细讨论供应链管理中的关键领域与策略。

（一）关键领域

1. 茶叶种植与采摘

茶叶种植与采摘是普洱茶供应链的起点，也是决定茶叶品质的关键因素。为了实现可持续发展，普洱茶厂需要关注以下几个方面：

（1）推广生态种植技术，减少化肥和农药的使用，保护土壤和水源，提高茶叶的生态品质。

（2）加强茶园管理，提高茶叶产量和品质，降低生产成本，增加茶农收入。

（3）建立茶叶质量追溯体系，确保茶叶来源的可靠性和安全性。

2. 茶叶加工与包装

茶叶加工与包装是普洱茶供应链的核心环节，直接关系到产品的质量和市场竞争力。为了实现可持续发展，普洱茶厂需要关注以下几个方面：

（1）采用环保、节能的加工设备和工艺，降低能源消耗和减少废弃物排放量。

（2）优化生产流程，提高生产效率和产品质量，降低生产成本。

（3）使用环保的包装材料，减少塑料等不可降解材料的使用，推广可循环使用的包装方式。

3. 物流与运输

物流与运输是普洱茶供应链的重要环节，关系到产品的及时供应和成本控制。为了实现可持续发展，普洱茶厂需要关注以下几个方面：

（1）优化运输方式和路线，减少运输过程中的能源消耗。

（2）建立高效的物流信息系统，实现物流信息的实时共享和协同管理，提高物流效率。

（3）推广绿色物流理念和技术，鼓励使用清洁能源和低碳交通工具，降低物流环节的环境污染。

（二）策略

1. 建立可持续发展的供应链管理体系

普洱茶厂应建立一套完整的、可持续发展的供应链管理体系，将可持续发展的理念贯穿于整个供应链管理过程中。这包括制定可持续发展的供应链管理战略、建立可持续发展的供应链管理组织、实施可持续发展的供应链管理措施等。

2．加强供应链合作伙伴的协同与合作

普洱茶厂应与供应链合作伙伴建立紧密的合作关系，共同推进可持续发展。通过与茶农、供应商、物流商等合作伙伴的协同与合作，实现资源共享、优势互补，提高整个供应链的效率和竞争力。

3．推广绿色消费理念和市场拓展

普洱茶厂应大力倡导绿色消费观念，帮助消费者作出环保和健康的产品选择。同时，积极拓展国内外市场，提高普洱茶的知名度和美誉度，增强市场竞争力。

4．加强科技创新和人才培养

为了持续提高生产效率和产品质量，普洱茶厂应当重视科技创新和人才培养。一方面要不断引入前沿技术、先进设备以及优秀的工艺，确保在激烈的市场竞争中保持领先地位；另一方面要加强人才培养和团队建设，培养一支具备可持续发展理念和技能的供应链管理团队。

参 考 文 献

[1] 保继刚，陈苑仪，董宇恒. 普洱茶产业发展对乡村振兴的作用机制——以云南省易武镇为例［J］. 自然资源学报，2023，38（8）：1941-1954.

[2] 黎星辉，傅尚文. 有机茶生产大全［M］. 北京：化学工业出版社，2012.

[3] 罗军. 舌尖上的中国茶：十大名茶品鉴录［M］. 北京：中国纺织出版社，2013.

[4] 马艺菲. 全面推进乡村振兴背景下广东茶叶高质量发展研究［J］. 现代农业，2023，48（3）：75-78.

[5] 潘玉华. 茶叶市场营销［M］. 北京：中国商业出版社，2019.

[6] 渠成，马小婷. 品牌管理：品牌打造与影响力升级［M］. 北京：中国铁道出版社，2022.

[7] 孙达，姚华儿. 台湾茶产业创新创业暑期调研体会与思考［J］. 福建茶叶，2019，41（6）：32.

[8] 唐翠翠. 供应链管理一本通［M］. 北京：清华大学出版社，2023.

[9] 陶德臣. 近代中国茶叶商帮群体概貌［J］. 古今农业，2023（1）：42-62.

[10] 王艳燕，高峻，张婉清，等. 普洱茶文化文创产品设计［J］. 茶叶，2023，49（4）：257-261.

[11] 吴声怡，谢向英. 企业文化新教程［M］. 上海：上海大学出版社，2012.

[12] 吴淑珍，吴海婷. 可持续视角下英德红旗茶厂改造的可行性研究［J］. 安徽建筑，2022，29（11）：30-31.

[13] 肖力争. 茶叶市场营销学［M］. 西安：世界图书出版西安有限公司，2017.

［14］杨保军．战略营销管理［M］．北京：社会科学文献出版社，2023．

［15］朱成钢，王超．市场营销学［M］．上海：立信会计出版社，2015．

［16］邹彬，吕晓滨．优质茶叶生产新技术［M］．石家庄：河北科技出版社，2014．

［17］邹海涛，胡东宁，张雪峰．国际市场营销［M］．北京：北京铁道出版社，2016．